U0726872

向五位大师学做教师

孔子、陶行知、叶圣陶、苏霍姆林斯基、马卡连柯的为师之道

主 编◎毛展煜

天津出版传媒集团

天津教育出版社
TIANJIN EDUCATION PRESS

图书在版编目（CIP）数据

　　向五位大师学做教师：孔子、陶行知、叶圣陶、苏
霍姆林斯基、马卡连柯的为师之道 / 毛展煜主编.－－ 天
津：天津教育出版社，2019.1
　　（卓越教师的关键能力与素养）
　　ISBN 978-7-5309-8241-9

　　Ⅰ.①向… Ⅱ.①毛… Ⅲ.①师德－研究 Ⅳ.
①G451.6

　　中国版本图书馆 CIP 数据核字（2018）第301351号

向五位大师学做教师

——孔子、陶行知、叶圣陶、苏霍姆林斯基、马卡连柯的为师之道

出 版 人	黄　沛
主　　编	毛展煜
选题策划	杨再鹏　　王俊杰
责任编辑	王剑文
装帧设计	郝亚娟

出版发行　天津出版传媒集团
　　　　　天津教育出版社
　　　　　天津市和平区西康路 35 号　邮政编码：300051
　　　　　http://www.tjeph.com.cn

经　　销	全国新华书店
印　　刷	嘉业印刷（天津）有限公司
版　　次	2020 年 1 月第 1 版第 2 次印刷
规　　格	16 开（710 毫米×960 毫米）
字　　数	200 千字
印　　张	11
定　　价	42.00 元

前　言

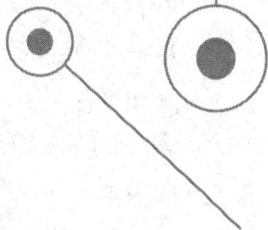

　　翻开中外教育史，一些令人心动的名字出现在眼前，其中有五个令人敬仰的名字让中国教师倍感亲切。让我们穿越时空，与他们对话，了解一名教师从教的底蕴、执教的武器和教育的智慧，获知如何做一名教师。也许他们的教育思想不尽相同，甚至某些地方迥然相异，然而相同的是他们对教育理想的执着追寻，对教育事业的无比热爱和奉献精神。他们就是孔子、陶行知、叶圣陶、苏霍姆林斯基和马卡连柯。

　　孔子，这位中国第一位教师，创办私学，广收门徒，"有教无类"，扩大受教育对象范围，在教学中启发诱导、因材施教，用不同的方法教育学生；陶行知留学归来致力于教育，提出教师一方面要指导学生，一方面还要研究学问，以便让学生"多得些益处"；叶圣陶致力于养成健全的"普通公民"，强调教育就是培养良好的行为习惯，让学生将这些蕴含人类文化精华和内在价值的行为方式化为自己的习惯，终身受用不尽；苏霍姆林斯基重视对学生的德育和智育教育，马卡连柯强调集体教育、纪律教育和劳动教育，提出尊重与要求相结合、平行教育和前景教育的原则……

　　在中国教育史上，上述这五位教育大师，身体力行地证明着如何做一名教师，如何以自身的德行与学识教育学生、影响学生，做好"教书育人"的工作，深刻地影响着中国的教育，也深刻地影响着中国的教师。因此，我们组织编写了《向五位大师学做教师》一书，以六个章节的篇幅，将大师的教育理念、教育方法与其教育实践结合在一起，引导教师学大师，做真正的从教者。

综　述　大师的为师之道。本专题全面而概括地提炼出五位大师身上最为突出的为人师者的特点——高尚的师德、坚定的师责、渊博的师识以及巧妙的师法和令人惊艳的师智，在回顾大师从教经历的同时，让我们全面了解大师的教育理念和教育方法，找到从教的方向。

专题一　师德：千教万教，教人求真。本专题从师德入手，明确了教师从教的根本——高尚的师德，以大师们的事例告诉教师，师爱是教育的起点，尊重学生、敬业乐业、以身作则、一视同仁是教师师德的体现，更是激发学生的向师性，增加教师的人格魅力，从而更好地做好教书育人工作的基础。

专题二　师责：以造就真正的人为己任。教师以"传道授业"为职责，承担着教书育人的工作，因此本专题从师责的角度，让教师循着大师的足迹，看教师如何恪尽职守，教会学生"做人"，发展学生的个性，以理想信念鼓舞学生，维护学生的自尊感，培养学生良好的行为习惯。

专题三　师识：引导学生找到为学之路。气度决定格局，学识影响眼界与胸怀。大师告诉我们，教师的学识影响着学生，因此本专题从教师的学识出发，提出为人师者要学而不厌、教学相长，要积累广博的知识，要培养专业发展能力，要提升语言表达艺术，要练就非言语表达艺术，如此方能成就自己、成就学生。

专题四　师法：教而有法，法无定法。教育是一项心的工作，在教育工作中难免遇到错综复杂的事情。大师告诉我们，方法总比问题多，教师要注意方法的运用，所谓教而有法无定法，因此我们从大师的从教经历中发现，可以引导学生实施自我教育，在教育中要讲究惩罚的艺术，要注意因材施教，让学生成为学习的主体；要循循善诱，对学生进行启发教育；教育要创新，注意培养学生的创造精神。

专题五　师智：善把金针度与人。为什么同样的问题，大师总能在达成教育目的的同时，能令人回味无穷，受益终身？这源于为人师的教育智慧。在本专题，大师引导我们找到开启师智之门的钥匙，即引导阅读，为学生打开一扇窗；传授方法，训练学生灵活思维，善用妙法，治病救人。

有人说，全世界有两个职业最特殊和最神圣：一个是医生；一个是教师。前者医治人的肉体疾病，后者医治人的心灵创伤。因此，不妨让我们在阅读五位大师从教故事的过程中，在领会五位大师教育理念精髓的过程中，追随大师的足迹，做研究型教师、智慧型教师，为学生点燃生命之火，照亮其前行之路！

目 录

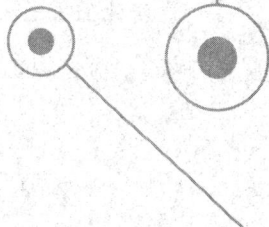

综 述 大师的为师之道

在人类漫长的历史长河中，有多位教育大师的名字在熠熠闪光，他们以其科学的教育思想和教育方法，影响着后世的教育界，给无数教育者以启迪和指导。如今，教师们遵循大师的指导，踏着大师的足迹前行，以其教育思想和方法指导自己从教。这些大师，既包括我国春秋时期的孔子，近代中国教育史上的中坚人物陶行知、叶圣陶，也包括苏联的苏霍姆林斯基、马卡连柯。

专题一 师德：千教万教，教人求真

古今中外教育家无不重视师德的重要性。叶圣陶先生说："教育工作的全部工作就是为人师表。"苏霍姆林斯基说："教师成为学生道德上的指路人，并不在于他时时刻刻都在讲大道理，而在于他对人的态度（对学生、对未来公民的态度），能为人表率，在于他有高度的道德水平。谁能唤起学生的人的尊严感、能启发他们去思考活在世上是为着什么，谁就能在他们的心灵中留下最深刻的痕迹。"而他们也身体力行地告诉我们，为人师者，首重师德，因为"其身正，不令而行；其身不正，虽令不从"。

专题二　师责：以造就真正的人为己任

责任就是一个人分内应做的事情，也就是一个人承担应当承担的任务，完成应当完成的使命，做好应当做好的工作。合格的教师，既要承担教书的责任，更要担起造就真正的人的责任。对此，叶圣陶先生振聋发聩地呼吁："学生现在和将来做人做事，还要与前面所举的帮做庄稼和出外旅行一样，是综合而不可分的；那么，我能只顾分科而不顾综合，只认清自己那门功课的目标而忘记了造成健全公民的那个总目标吗？"

专题三　师识：引导学生找到为学之路

苏霍姆林斯基说："学生的智力生活的一般境界和性质，在很大程度上，取决于教师的精神修养和兴趣；取决于他的知识渊博和眼界开阔的程度；取决于书籍在教师本人的精神生活中占有何种地位。"由此可见，要想教好学生，教师的综合素质是多么重要。

专题四　师法：教而有法，法无定法

教育家孔子提出教学一体、因材施教等主张，注重将学与思结合起来；苏霍姆林斯基主张教学的首要任务就是教会学生学习，要把独立学习的能力教给学生；陶行知先生提出生活教育理论，主张"我们要活的书，不要死的书；要真的书，不要假的书；要动的书，不要静的书；要用的书，不要读的书。总起来说，我们要以生活为中心的教学做指导，不要以文字为中心的教科书"；马卡连柯则提出平行影响和前景教育，重视学生道德教育，重视集体教育的作用，强调在孩子的纠正错误和改造过程中，不应该把注意力集中在过去的错误上，而应引导他们看到美好的未来。

专题五　师智：善把金针度与人

苏霍姆林斯基在《怎样培养真正的人》一书中说过："老师的智慧不是堵塞道路，而是开拓道路，照亮一条知识路。"一个充满智慧的教师，总有一双神奇的手，总有一双智慧的眸，能给学生以知识的启迪，引发他们对知识的惊奇感，并照亮他们寻求知识的道路。因此，我们要像大师一样，做智慧型教师，善把金针度与人，引导学生走好求知之路、人生之路。

综　述

大师的为师之道

　　在人类漫长的历史长河中，有多位教育大师的名字在熠熠闪光，他们以其科学的教育思想和教育方法，影响着后世的教育界，给无数教育者以启迪和指导。如今，教师们遵循大师的指导，踏着大师的足迹前行，以其教育思想和方法指导自己从教。这些大师，既包括我国春秋时期的孔子，近代中国教育史上的中坚人物陶行知、叶圣陶，也包括苏联的苏霍姆林斯基、马卡连柯。

一、以高尚的师德影响学生

师德即教师道德，是指教师在其一生的教育实践活动中逐渐形成并经常表现出来的世界观、人生观和价值观以及行业规范和道德品质的总和。作为一种职业道德，师德体现于教师的言行举止之中。众多教育大师以其令人崇敬的师德影响着后世的教育者，也成为学生做人、做事的楷模。

1. 高尚的师德是教师从教的基础

振兴民族的希望在教育，振兴教育的希望在教师。教师的素质，重在师德。师德是教师最重要的素质，师德水平的高低反映了教师的素质。这是因为教育是以人格来培育人格，以灵魂来塑造灵魂的劳动。这就要求教师必须具备良好的职业道德，而高尚的师德来自坚定的教育信念，这种信念是教师的精神追求和奋斗目标。教师作为学生成长的引路人，其道德水平直接影响着学生的健康成长，关系到国家和民族的前途和未来。

（1）影响学生道德观念的形成。教师对学生开展的思想道德教育，是社会进行道德教育的主渠道。对于广大青少年学生来说，促使其品德健康成长的职责担负在教师的身上。因此，对学生进行思想道德教育是每一个教师应做的工作和神圣的使命。为此，教师的品德影响着学生道德观念的形成。

（2）规范着学生的道德行为。教师担负着规范学生道德行为的责任，对学生良好的道德行为，可以通过表扬、奖励等方法使之发扬光大；对学生不良的行为，可以通过教育、批评、处罚等方法予以矫正。

（3）道德行为影响学生。"学高为师，身正为范"，"身正"是师德的核心，

"学高"是师德的基础。教师的道德行为具有示范作用，学生不仅要听教师宣讲的道德理论，更要看教师的道德实践，可谓听其言、观其行，因此教师的一言一行对学生均具有重要的道德影响力。同时，师德还是具有深刻知识内涵和文化气质的道德，教师在具有道德魅力的同时还必须具备知识魅力，因此其在提升知识魅力的同时，也潜移默化地影响着学生学习知识的兴趣。故教师高尚的道德行为直接影响着学生。

（4）影响学生正确世界观的形成。国家兴衰，系于教育；教育兴衰，系于教师。教师是立校之本，教师要为人师表，必须树立良好的师德师风形象，用科学精神武装自己，从而引导学生形成正确的世界观。教师要在传授科学文化知识的同时，传授优良的道德品质，用科学精神武装学生。可以说，这一过程既是教书，也是育人，是间接的道德教育过程。

2. 教育大师高尚师德的体现

不管中国的教育家孔子、叶圣陶、陶行知，还是苏联教育家苏霍姆林斯基、马卡连柯，他们的身上均具备高尚的师德，且以其高尚的师德影响着学生、感染着学生。

（1）诲人不倦的大爱。

如果说"爱"是人类的灵魂、万物的精华，那么爱对于教师的"用心教书"来说就是教育事业的命脉。从古到今，教育大师们均以无怨无悔的大爱引导着学生，并将道德规范内化为自身素养，教育着学生，感染着学生。

孔子以"诲人不倦"对自己提出为人师的要求，一生从事教育事业，四十年几乎没有间断，对待学生，谆谆教导、不厌其烦、循循善诱，帮助其成人、成才。叶圣陶先生将学生的进步和快乐当作自己的快乐，他说："我如果当小学教师，决不将投到学校里来的儿童认作讨厌的小家伙、惹人心烦的小魔王；无论聪明的、愚蠢的、干净的、肮脏的，我都要称他们为'小朋友'。那不是假意殷勤，仅仅浮在嘴唇边，油腔滑调地喊一声，而是出于真诚，真心认他们做朋友，真心要他们做朋友的亲切表示。"陶行知先生"捧着一颗心来，不带半根草去"，用一颗大爱之心，奉献教育，对待学生，要求自己"必须变成小孩"，如此一来，"立刻会发现小孩子的能力大得很：他能做许多您不能做的事，也能做许多您以前以为他不能做的事。等到您重新作为一个小孩子，您会发现别的小孩子是和从前所想的小孩子不同了"，如此方能以崇敬之心、敬畏之心、平等之心对待学生。

正是这种为了学生而甘愿奉献的崇高的师德，才能让教师们感受学生的喜怒哀乐，走进学生的情感世界，成为学生的朋友，为学生未来的人生负责，为民族的未来负责！

苏霍姆林斯基对孩子、对教育付出真诚而持之以恒的爱，将爱孩子当作自己生活中最重要的事情。他善意地对对待学生，"犹如对待自己的儿子一样"，他相信学生，尊重学生，重视学生的精神世界，"以自己的言行去教育孩子"，让他们"从我的言行中感受到真、善、美"。他站在学生的精神世界里，为了学生能获取终身幸福而努力。马卡连柯认为，"老师个人的榜样，乃是青年心灵开花结果的阳光"，所以老师们用真诚的师爱感化学生，以爱的力量影响学生，帮助学生成长，助迷途的学生走上正路。

德国的亚米契斯在《爱的教育》中写道："教育上的水是什么？就是情，就是爱。教育没有了情爱，就成了无水的池，任你四方形也罢，圆形也罢，总逃不了一个空虚。"这些教育大师均以自己无私的爱，彰显着高尚的师德，为学生照亮前行之路，指导学生前行的方向。

（2）教学相长，相互尊重。

孔子说"三人行必有我师焉"，陶行知先生认为"当教员贵在有赤子之忱"。因此，他们处处事事尊重学生，对学生从不摆为师者的架子，常以真诚而温和的态度帮助学生，谆谆诱导学生，从而取得了学生对他们的尊敬和由衷的佩服，获得了"爱满天下"的美誉。苏霍姆林斯基认为，"教育的核心，就其本质来说，就在于让学生始终体验到自己的尊严感"，因此他相信学生、尊重学生，用心灵塑造心灵，以"让每一个学生都抬起头来走路"为宗旨从教，让每一个从他手里培养出来的人都能幸福地度过自己的一生。马卡连柯提出"要尽量多地要求一个人，也要尽可能地尊重一个人"，认为尊重人、信任人是教育的前提；只有从尊重人、信任人出发，才能采取合理的教育措施，才能取得好的教育效果。因此他从不将失足青少年当作违纪者或流浪儿看待，而是将其看作具有积极因素和发展潜能的人。

可以说，这些教育大师让尊重体现于教学和生活中的一点一滴和个人的言行之中，充分尊重学生，公正、平等地对待每一位学生，在尊重和体贴学生的前提下，以严肃的态度对学生进行严格的要求，于是学生感受到了来自教师的尊重和爱，其受到别人重视和理解的心理需要得到满足，从而获得了自信心，轻松愉快地进行学习，保持良好的学习状态。与此同时，教师在理解、信任并尊重学生的同时，也获得了学生的尊重、信任与爱戴。在师生互相尊重、互相信任的前提下，在以人为本，倡导尊重学生主体地位的氛围下，形成了民主、平等、和谐的师生关系，不但达到了教学相长、共同进步的目的，而且培养出适应社会需要的人才。

（3）立志乐道，甘于奉献。

传统师德强调积极入世，倡导以"出世"的精神干一番"入世"的大事业，讲究"修身""齐家""治国""平天下"的原则。这就决定了教师具有强烈的社会责任感和历史使命感。所以，知名教育大师一般都具有淡泊名利、不计较个人进退、热爱本职工作、专注投入的高尚品格。他们严于律己，身体力行，为人表率。

孔子"躬自厚而薄责于人"（《论语·卫灵公》）；陶行知先生吃苦耐劳，克勤克俭，公而忘私，心甘情愿地为劳苦大众办教育，呕心沥血，兢兢业业，以苦为乐，乐而忘苦。他自己只有一件像样的白布衬衫，到了夏天就换洗不过来，往往一面办公，一面把衬衫晾在一边，有事时才穿上衬衫出去。因为教育经费紧张，他和师生同甘共苦，一起吃蚕豆，喝稀饭。他"捧着一颗心，原共心儿好。偶然一到此，流连不知老"。叶圣陶先生一生从事教育和教学工作70多个春秋，他乐教、乐学、寓教于乐，以十分的热情走上讲坛，以火热的心面对学生，以自己的爱心、责任心、事业心面对教育这行工作，爱生如子，虔诚敬业；苏霍姆林斯基乐教，全身心地投入到教育教学研究过程中，以优秀的理念践行于教育过程中，真正把教育事业做实做好，不仅带动了一所学校、一批教师和一拨拨的学生，还影响了众多热爱教育事业的人……

可以说，这些教育大师热爱教育，喜欢和热爱自己的职业，热爱学生，全身心地沉浸其中，乐而忘忧，永葆教育的理想、信仰与情怀。

（4）有教无类，教书育人。

在教育史上，师者"有教无类"的从教行为，形成了"平等相待""一视同仁""教育公正"等一系列师德品质。古人把教师的职责归结为"传道""授业""解惑"三条，归根结底还是教书和育人两个方面。这在任何时代都是对为人师者的必然要求。而教育大师更是将这一崇高的师德体现得淋漓尽致。

孔子极力倡导"有教无类"，主张不论其贵贱、贫富、长幼、华夷、智愚，均应享有受教育的权利。在他的学生中，有来自不同阶层和地域的学生。陶行知先生追求"教育平等和教育公正"，致力于为大众办教育，认为"天之生人，智愚、贤不肖不齐，实为无可题之事实。平等主义亦不截长补短，以强其齐。在政治上、生计上、教育上，立平等之机会，使各人得以自然发展其能力而为群用，平等主义所主张者此耳"。他在教学中对学生平等相待，予以尊重，以一颗平等的心教育着每一名学生。叶圣陶先生认为，中国现代教育的价值和目的在于，以育人为本，以兴国为旨，面向全体国民和每个学生，着眼于整体人生和终身受用，使之成为自主全面发展、养成良好习惯的现代中国人，因此教学应注重培养每一个学生的习惯，从小处入手，以"人本"为教育原则，教书育人。苏霍姆林斯基以真诚的人道主义情怀，把自己的一腔热情洒向他的每一位学生，将深情的目光首先对准每一个学生的心灵，开展"活的教育"，把孩子拥有终身幸福的精神生活作为自己的教育追求。

除此之外，这些教育大师还躬行自明，身体力行在教育的每一领域。孔子一生中有一大半的时间是从事传道、授业、解惑的教育工作，创造了卓有成效的教育、教学方法，总结、倡导了一整套正确的学习原则，形成了比较完整的教学内容体系，提出了一系列有深远影响的教育思想，树立了良好的师德典范。陶行知先生践行"要学生做的事，教职员躬亲共做；要学生学的知识，教职员躬亲共学；要学生守的规矩，教职员躬亲共守"，一生为师，躬行自明，身体力行，立教于天下。贫苦农民出身的苏联教育家苏霍姆林斯基一生绝大部分时间都工作在自己偏僻故乡的那所帕夫雷什中学，直到逝世。他一直都在进行卓有成效的教育实验，同时进行非凡的理论探索。马卡连柯将其短暂而光辉的一生奉献于繁重的教育实践活动和紧张的教育理论探索中，呕心沥血、废寝忘食 16 年，将 3000 多名流浪儿和少年违法者改造、教育成社会主义建设者和国家的保卫者。

诚如无产阶级教育家徐特立所说："教师工作不仅是一个光荣重要的岗位，而且是一种崇高而愉快的事业。它要求教师不仅要当教师，教学问，而且要当人师，教学生怎样做人。"而这一切，均在教育者崇高的师德上体现出来。这正是教育大师要告诉我们的。

二、以坚定的师责督促自身

教育大师告诉我们，教师职业是"人类幸福和自我完善"相结合的职业。作为教师，除了要修炼崇高的师德影响学生，还要以坚定的师责督促自身，在平凡的工作岗位上，伴三尺讲台、一支粉笔，播撒希望的种子，开启学生的心智，书写人生的真理。

1. 师责，教师督促自身的力量

教师的工作是平凡的，是由每天点点滴滴的"平凡"的事情组成的。然而，教师的责任又是重大的。传道授业解惑是教师的基本任务。

教师的主要责任是育人教书。古语云："古之学者必有师。师者，所以传道授业解惑也。"教师首先就是传道，也就是育人，以德育为先，进行思想教育；其次就是授业，教授学业知识，主要工作为上课、批改作业、各种测试和进行课后分析总结；最后就是解惑，解决学生学习和生活中的各种困惑和难题。因此，站在讲台上看着下面几十双渴望的眼睛时，教师要有把学生教育成才的责任感。

为了传授知识，教师有责任努力提高自己的综合素质，经常阅读专业书籍，积极参加研修活动，不断改进教育方式和教学方法，及时进行归纳总结，不断提高自身业务水平，以适应教学的需要。教师如果没有强烈的责任感，不仅会误人子弟，而且也过不了自己良心这一关。

2. 师责，教育大师身体力行

"百年大计，教育为本"，要承担起教育的责任，完成教育的使命，教师就必须牢牢地树立起责任意识。教育大师以自己的身体力行告诉我们："一个孩子的失败，对一个教师来说，只是几十分之一的失败，但对于一个家庭来说，就是百分之百的失败。"所以，教师应具备高度的社会责任感，将教书育人当作自己毕生的追求和责任。

孔子，这位被誉为"万世师表""至圣先师"的教育大师，一生勤恳地履行师责。他重视弟子的道德修养，当弟子有道德方面的弱点与不足时，他批评起来不留情面；发现学生的问题，采用不同的方式，从促其反省、助其提高的目的出发，在适当的时间、适当的场合给予批评、指正，使弟子们学业日进，品行益高。他认真对待弟子的不同见解，既不刻意打击，又不随便苟同，循循善诱，与弟子共同探讨。他教学，"有教无类"，无论弟子来自何处，处于什么境地，也无论弟子有什么样的性格，都给予他们充分的理解、包容，对每一个弟子都寄予厚望。

陶行知先生指出："好的先生不是教书，不是教学生，乃是教学生学。教学生学是什么意思呢？就是把教和学联络起来：一方面要先生负指导的责任，一方面要学生负学习的责任。"他坚持这样的教师标准，努力探索中国教育现代化的理论与途径，从而促进中国社会的健康发展。几十年间，他坚持追求，不懈探索，躬身践行，终生不渝，创立了适合中国国情又顺应世界发展潮流的教育理论和实践模式。

苏霍姆林斯基强调教师的责任，不但提倡教师要具备"一辈子备好一节课"的精神，还总是善于从细小的事情上身体力行地对学生进行爱的教育，让学生从小就懂得人情之美，感悟到人性之美。

马卡连柯认为教育者要热爱儿童，尊重儿童的人格，善于发现和启发儿童的优点，善于发现并克服儿童的缺点，顾及儿童的年龄特征和个体特点，提出相应的要求与责任，并身体力行，致力于培养学生对前途的希望，一生教育和帮助了无数学生。

三、以渊博的师识教导学生

教师自古被称为"智者"。国外教育家说过："为了使学生获得一点知识的光亮，教师应吸进整个光的海洋。"可见，拥有厚实的专业功底和渊博的学识是教师从教的根本。而古今中外的教育大师更是深知学识之于教师的重要性，因此毕生学习，以其渊博的学识影响学生，也因此成为我们崇拜的偶像。

1. 扎实而渊博的学识，好教师的根本

自古以来，人类教与学的知识就分两种。一种可称为"普遍的知识"，它们往往和实际利益与运用没有直接关系，而是关系到人类对自己、对世界、对自然和宇宙的一般认识和理解，即现在一般称为"基础理论"的东西。它们虽然不能产生实际的利益，没有实用价值，却对于人性的完善以及人类文明程度的提高起着重要的推动作用。另一种则是"实用的知识"，也可称为广义的技术。这类知识与社会需要密切相关，具有广泛的实用性，给人类带来直接的利益。显然，这两种知识都是一个人必不可少的学识。因此，一个教师要真正能吸引学生，对学生产生长久的魅力，就在于其应有扎实而渊博的学识。

（1）以渊博的学识提升人格力量。大量的事实证明，学生不喜欢那种古板、单一的教师，而喜欢那些不仅学识渊博、兴趣广泛且多才多艺的教师。教师兴趣、特长的丰富性，将表现出教师自身人格力量的丰富性，同时会对学生有着巨大的影响力，使其成为学生效仿的榜样。这样的教师将会像磁石一般，牢牢地把学生吸引在自己的身边，真正培养出"自己的学生"。同时，广泛的兴趣、特长也会促进教师自己智能的发展，启迪自己丰富的想象力、思考力和创造力。

（2）以渊博的学识保证教学质量。从教师的职业特点来看，教师渊博的学识是保证教学质量的前提。自古以来，身为一名合格的教师，其首要一条就是具有深厚而广博的学识。一名理想教师的知识结构要包括三个方面，那就是广泛深厚的科学文化基础知识、扎实系统精深的专业学科知识、全面准确的教育科学知识和心理科学知识。这就要求教师不但对所教课程有精深的认识，还应有广博的知识。所谓"精"就是要"知得深"，对专业知识不仅知其然，而且知其所以然；所谓"博"就是要"知得广"，能触类旁通，具有相关学科的有关知识。

2. 渊博的学识，教育大师的特征

综观古今，教育家无不是学识渊博之人，他们涉猎广泛、知识广博、专业精深，因而为学生架起知识的桥梁，为学生指明前行之路。

孔子，这位当之无愧的教育家，不但精通经史子集，而且精于农事。据魏晋以前典籍所载，孔子认识很多动物和植物，并对一些动植物的习性和生长过程做过细心观察，也要求弟子们如此。孔子的一些优秀弟子，因此于生态环保、鸟兽研究等方面造诣颇深，颜回、公冶长等还识鸟音、懂鸟语。孔子多识草木之名，亲手编订《诗经》，对生物知识的汲取更是有着更为广阔的兴趣面和涉猎面，一生都在勤勉地向自然学习，不仅自己掌握了渊博的知识，并以之教育和影响弟子。

陶行知先生在15岁时就读崇一学堂，开始学习西方科学文化知识，随后考入南京汇文书院博习馆（即预科）；次年升入金陵大学，毕业后赴美国留学。他先入伊利诺伊大学攻读市政学，次年获政治学硕士学位，后来入哥伦比亚大学教育学院，其间哲学家、教育家约翰·杜威"教育即生活，学校即社会"的观点对他产生了很大的影响。

苏霍姆林斯基一生勤于阅读，他明确主张："真正的教师必须是读书的爱好者：这是我校集体生活的一条金科玉律，而且已成为传统。一种热爱书、尊重书、崇拜书的气氛，乃是学校和教育工作的实质所在。一所学校可能什么都齐全，但如果没有为了人的全面发展和丰富精神生活而必备的书，或者如果大家不喜爱书籍，对书籍冷淡，那么，就不能称其为学校。一所学校也可能缺少很多东西，可能在许多方面都很简陋贫乏，但只要有书，有能为我们经常敞开世界之窗的书，那么，这就足以称得上是学校了。"

马卡连柯明确提出："学生可以原谅老师的严厉、刻板，甚至吹毛求疵，但是不能原谅老师的不学无术。"而其本人则学识渊博。于沙俄时期在铁路小学的教育工作中，他就积累了一定的教育教学经验，在教学实践中与学生家长建立了密切的联系。同时，这一时期，他奠定了比较扎实的科学、哲学、心理学与教育学知识基础。在这些渊博的理论与实践知识基础上，他对社会主义教育实践进行了概括和升华，创作出相关理论著作与文学作品，其文学创作以生动的艺术形象和丰富的事实反映了他为之付出毕生精力的教育实践活动和相关理论探索，生动地体现了他的教育理想。

由此可见，教育大师无不勤奋学习，以渊博的学识服务于教育，服务于学生，而这也为我们教师从教提出了明确的要求：终身学习，勤奋阅读，努力提升自己，以渊博的学识充实自己，不负教师之责。

四、借巧妙的师法与师智教育学生

为人师者，只有具备了传统师德之美，才能成为"人之模范"，才会赢得学生的尊敬。而教学道德同样是教师要具备的品德，荀子云："师数有四，而博习不与焉。尊严而惮，可以为师；耆艾而信，可以为师；诵说而不陵不犯，可以为师；知微而论，可以为师。"（《荀子·致士》）一名教师，只有具备了上述四方面条件方可为师。由此可见，为师者要善教，即要学会用巧妙的教育教学之法引导学生。这正是教育大师们提出的教育的终极目标。

1. 育人，离不开方法与智慧

美国教育家里克纳说："世界上任何一个国家都为教育树立了两个伟大的目标：使受教育者聪慧，使受教育者高尚。"而要实现这样的教育目标，就需要育人者具备巧妙的教育方法，亦即师法。这是每一个教师都应该认真思考和探索的问题，也是每一名教师都要具备的。教书育人要讲究方法，古往今来，在教书育人方面形成了许许多多的方法与手段。这些方法与手段无外乎包括教书和育人两方面。

（1）教师要讲究教书之法。教学方法对完成教学任务、实现教学目标具有重大意义。当确定了教学目的，并有了相应的教学内容之后，就必须有富有成效的教学方法。否则，完成教学任务、实现教学目的的想法就要落空。德国教育家第斯多惠说过："一个坏教师奉送真理，一个好教师教人去发现真理。"因此，在教给学生科学有效的学习方法，使其形成终身学习能力的同时，更要激发学生学习的积极性和主动性，使学生乐学、好学，养成学习兴趣和好的学习习惯。由此可见，教学方法，一定意义来说是关系着教学成败的重要问题。于教师而言，用什么样的教学方法教学生，对于把学生培养成什么样的人也具有重要作用。教师的教法制约着学生的学法，同时对学生智力的发展、人格的形成具有重要作用。因此，教师要讲究教学之法。

（2）教师要讲究育人之智。宋明理学家王阳明强调"致良知"，就是把"真诚恻怛"的仁爱之心发挥出来，去应对万物，使万物各安其位、各遂其性。而教师讲究育人之智，就是体现仁爱之心的表现。教师讲究育人之智，体现了关心学生心灵的成长，即关心"良知"。"良知"不仅是真实的自我，而且是道德的本原和道德行为的源头，教师只有体认到这一"真己"，才会有真正的师德意识和师德行为。真正的教育只有从一个人的内心意识（良知、良心）开始，才是最深刻、最有效的教育。

2. 教育大师，无不具备教育妙法与智慧

不管是教书还是育人，讲究方法的奇妙，不但有助于达到教育目的，而且可以让学生愿意接受，乐学、爱学。因此，古今中外的教育大师均讲究教育方法，且都有自己独特的教育方法。

孔子教书育人，极具灵动的方法。颜回称孔子的教育"瞻之在前，忽焉在后"。方法在孔子那里，已经不是程序，而是达到了出神入化的境界，有如天地养育万物一般无所不用、无所定用，需要雨就春风化雨，需要日光就赤日炎炎，需要风就穿林打叶，方法随需要而致，无所不用其极。没有固定的程序，没有先在的设定，一切都随着被教育者接受教育和成长实际的需要而如期到来。循循善诱，使学生欲罢不能。

陶行知先生强调"能解决我们的问题的，唯有科学的方法"，提出"教学做合一"的教学方法，要求解放儿童的头脑、双手、嘴、眼睛、时间和空间，还儿童以自由，从而解放儿童的创造力，认为"科学方法是有步骤的，是有线索的"，于是在教育和教学上，他归纳出五大步骤：第一步是"要觉得有困难"；第二步是"要晓得困难的所在，就是要找到困难之点来"；第三步是"想出种种方法来解决"；第四步是"选择"方法；第五步是"实验一番"。他主张教师按这种方法指导教学。

苏霍姆林斯基重视发展学生的思维能力，并且概括了具体的方法，即利用"思维课"发展学生的思维能力，有计划地带领学生到大自然中去旅行，从而激

发学生积极的思维活动，使他们具有鲜明生动的想象力、敏锐的记忆力和丰富的情感反应；提倡研究性学习法，这种方法不仅能调动学生学习的兴趣，而且能加深学生对教材的理解。同时，学生随着新知识的掌握，钻研精神、自学能力养成了，学习就会变得越来越轻松、越来越有趣味。要通过帮助学生理解知识发展学生的思维能力，借助抽象概念发展学生的思维能力，利用课余时间发展学生的思维能力。苏霍姆林斯基在学校的教室里设有一些角落，并把这些角落称为"思考之角""难事之角""幻想之角"，供学生课外学习之用。

　　总之，无论是育人还是教学，不同的教育家均有着自己独特的教育方法，他们不但用崇高的师德影响后辈从教者，而且在用这些方法教育学生的同时，也给后世从教者以指导。他们的教育思想和方法成为教育宝库中的精华。

专题一

师德：千教万教，教人求真

　　古今中外教育家无不重视师德的重要性。叶圣陶先生说："教育工作的全部工作就是为人师表。"苏霍姆林斯基说："教师成为学生道德上的指路人，并不在于他时时刻刻都在讲大道理，而在于他对人的态度（对学生、对未来公民的态度），能为人表率，在于他有高度的道德水平。谁能唤起学生的人的尊严感、能启发他们去思考活在世上是为着什么，谁就能在他们的心灵中留下最深刻的痕迹。"而他们也身体力行地告诉我们，为人师者，首重师德，因为"其身正，不令而行；其身不正，虽令不从"。

一、让师爱成为教育的起点

"教育是根植于爱的"，爱心是教育最基本的条件，爱心也是教育成功的原动力。教育事业本身就是一种播撒阳光的事业，是让学生沐浴爱的雨露健康成长的事业，教师只有具备了对教育事业的爱、对学生的爱，才能达到"千教万教，教人求真"的境界。因此，师爱是师德的重要表现之一。"教师热爱学生是教育成功的奥秘，是教育人的高超的艺术。"（苏霍姆林斯基）"爱是教育的基础，没有爱就没有教育。"（马卡连柯）

1. 师爱，教育的灵魂

何为师爱？所谓师爱，是指教育者所具有的对其本职工作的浓厚的情感。师爱是教育工作中不可忽视或缺少的重要因素，是教育的灵魂。它以鲜明的特征和深远的意义支撑起教育的内涵。

（1）师爱以鲜明的特征升华教育情感。

师爱以其表率性、无私性、信念性、恒常性、系统性、原则性和共生性，将教育的情感升华。

就表率性而言，一个好教师就是一个好班级。因为教师是一个班级的领导核心力量，其对内管理班级，是班级的领导者、指导者、服务者、协调者、评价者和探索者。教师是班级管理的主体，其管理手段应是以人为本的管理，而以人为本的管理在很大程度上取决于教师的人格魅力，取决于教师的爱。

就无私性而言，人类生活中充满了各种爱，但任何一种爱都无法与师爱相比。这是因为师爱是人类复杂情感中最高尚情感的结晶。它是一种无私的合乎理智的具有伟大社会意义的情感。凡是从教者只有具有无私的师爱，才能为教育殚精竭虑，为学生呕心沥血。在一个班集体里，教师的爱应充分地体现这种无私性。

就信念性而言，真正的师爱是深沉的爱，是基于师爱的主体对教育所持的坚定信念和热爱。师爱明显地表现出主体对教育与社会发展关系的深刻理解，对教育与个体发展关系的透彻把握。教育者应看到教育在促成人的社会化的过程中，既可以通过培养教育和谐发展的人，促进学生的社会化，也可以通过终身教育，为学生的社会化提供健康发展的保证；还可以通过教劳结合，为人的全面发展开辟道路。

就恒常性而言，身为教育者，其整个身心都属于学生，属于伟大而崇高的教育事业。这一点在教育中的明显表征是，每个教师都能够将师爱贯穿于各项工作中，时时、处处、事事坚持师爱、体现师爱，并且这种师爱能伴随着时间的推移越发炽热、强烈、深厚。

就系统性而言，师爱表现在两方面：一是泛爱，即面向全体学生的爱；二是面向每个学生所有方面的爱。应特别指出的是，真正的师爱还具有符合教育教学规律的"教育偏爱"，即对品行后进生、学困生和体育达标困难生特殊的爱。

就原则性而言，首先，师爱是爱祖国、爱人民、爱劳动、爱科学、爱社会主义在教育上的折射与反映；其次，师爱是理性的。教师的爱不应是无原则的溺爱，而应是在明辨是非和利害关系的基础上有控制的爱。最后，师爱是严格的爱。苏联著名教育家马卡连柯曾经指出："我的基本原则永远是，尽量多地要求一个人，也要尽可能地尊重一个人。"其实，爱与严是共生的。爱是严的基础，它体现了广大教育工作者对教育事业的无限忠诚和对学生的无比热爱，有了爱，严才会有效果。严是爱的升华，只有在爱的基础上提出严格要求，才会被学生所理解，才有可能使学生自觉地遵守。

就共生性而言，教师和学生之间形成一种特殊的师爱"共生效应"。教师爱和学生爱是共生性的组成部分，两者之间明显存在共生现象，它们共生共长，缺一不可。

（2）师爱将崇高的情感注入学生心中，发挥着多方面的作用。

作为一种复杂的精神现象，师爱是在教育实践中，由教师的理智感、美感和道德感凝聚而成的一种高尚的教育情操，体现了教师对学生一种崇高的、负责任的、道德的专业意识、专业情感和专业态度。它将人类最崇高的情感倾注到培养人的事业中，对学生起着多方面的作用。

首先，师爱是教育的灵魂。作为一种伟大的情感，它是教育的前提，是师德之魂。而教师就是爱的使者。教师之爱，体现在对自身职业的热爱、对学生的热爱上。热爱教师这一职业，做好本职工作，是一个教师从事教育工作的基础。而热爱学生，则是一名教师的天职，是作为教师最基本、最重要的素养，更是教育的成功之本，因为"教育之没有情感没有爱，如同池塘没有水一样，没水就不成其池塘，没有爱就没有教育"。

其次，师爱是唤醒学生心灵的智慧。人的本质就是渴望得到别人的尊重、信任。倘若一个人生活在被别人尊重和信任的社会当中，他的心里是充实的，心理是不恐慌的，自信心就能够表现出来；而一个人在他的生活氛围中不被人尊重、不被人关注，他的内心是痛苦的，久而久之，他的内心是恐慌的。学生作为教育对象也有这样一种心理需要，他们渴望获得别人的理解，渴望得到别人的尊重，渴望得到别人的欣赏。而对学生来讲，在所有的别人之中，教师是最重要的。因此，教师要像从事播种和耕耘的庄稼人一样，为学生的心田拔除野草，在其中撒下爱的种子，并坚持让其成长壮大。

最后，师爱是完善学生品格的有力"武器"。作为教师，不仅需要以师爱去发现和培养学生的个性，挖掘学生的潜能，而且更应该以师爱去完善学生的品格。良好的品格，是青少年学生顺利完成学业的有效保证，是他们将来成为对社会有用的人才的前提。而师爱可以于润物细无声之中，向学生充分展示良好的品格之于一个人的重要性，从对学生终身负责的角度出发，完善学生的品格，让其从小就懂得何为真、善、美，何为假、丑、恶，以及一个人应当具有怎样的世界观、人生观、价值观。于是在春风化雨般的爱中，学生的良好品格得以形成，学生在不断地克服困难、战胜自我、超越自我中形成正确的世界观、人生观和价值观。

2. 学习大师，让师爱成为教育的起点

"没有爱就没有教育，真的教育是心心相印的活动，唯独从心里发出来的才能达到内心深处。"（陶行知）那么，教师应该如何爱学生呢？

（1）要无私地爱学生。

故事

1939年，陶行知在重庆创办"育才学校"时，收的学生主要是保育院的难童，不收取学费和生活费，经费非常困难。有人问陶行知："你何必背着石头过河呢？"陶先生说："我背的不是石头，是爱人。"

多么朴素的话语！这直白的语言饱含浓浓的爱！陶行知用一颗真心走遍每个村落，像对待自己的爱人一样用真诚和善心呵护着自己的学生。在生活中，学生陷入困窘之境，他尽力帮助，用"爱满天下"的无私之爱滋润学生的心田。他用行动告诉教师，要无私而真诚地爱学生，那就要"把学生当作自己的孩子来爱"，"为了孩子，甘为骆驼，于人有益，牛马也做"，要"捧着一颗心来，不带半根草去"。

首先，教师要和学生成为朋友，亲近学生。青少年学生正处于贪玩的年龄和心理成长的时期，他们的一举一动都出于他们的天性，而作为成年人的教师，往往以自己成年人的眼光看待他们，责怪他们的顽皮，厌恶他们的慵懒，用教鞭"招呼"他们的天真与无邪，使学生们在教师们的"引导下"失去了对学习的兴趣，使知识失去了它本来应有的吸引力和感召力。诚如叶圣陶先生所说："我要做学生的朋友，我要学生做我的朋友。凡是在我班上的学生，我至少要知道他们的性情和习惯，同时也要使他们知道我的性情和习惯。这与我的课程，假如是宋词研究或工程设计，似乎没有关系，可是谁能断言确实没有关系？"为此，教师要有爱迪生母亲那样了解学生及帮助他们的修养，像园丁一样，给予他们适当的阳光、空气、水分和养料，并驱除害虫，使他们一天天茁壮成长。

其次，要接纳学生的一切。"我如果当小学教师，决不将投到学校里来的儿童认作讨厌的小家伙，惹人心烦的小魔王；无论聪明的、愚蠢的，干净的、肮脏的，我都要称他们为'小朋友'。那不是假意殷勤，仅仅浮在嘴唇边，油腔滑调

的喊一声；而是出于忠诚，真心与他们作朋友的亲切表示。小朋友的成长和进步是我的欢快；小朋友的羸弱和拙钝是我的忧虑。有了欢快，我将永远保持它；有了忧虑，我将设法消除它。对朋友的忠诚，本该如此；不然，我就够不上做他们的朋友，我只好辞职。"（叶圣陶）

再次，要愿意为学生奉献一切。苏霍姆林斯基告诉我们，教育是人与人的心灵最微妙的相互接触，学校是人们心灵相互接触的世界。他认为，不了解学生就谈不上教育，真正的教育者要把自己的心奉献给学生，要有深入学生精神世界的本领。教师必须了解学生的身心发展，了解他们的思想状况，了解他们的兴趣爱好。教师要了解学生的长处和弱点，理解学生的思想和内心感受，小心翼翼地接触学生的心灵。教师不仅是学生的教育者，还应是和他们同欢乐、共忧伤、共同克服困难的朋友。

总之，教师要清楚师爱是无私之爱的本质。教师只有发自内心地爱学生，包容学生，真诚地关爱学生，为学生无私地奉献，才能实现教育的目的，获得教育的成功。

（2）要智慧地爱学生。

教育中没有爱是不行的，但只有爱是不够的。苏霍姆林斯基告诉我们："教育技巧的全部奥妙也就在于如何爱护学生。"作为一名教师，要清醒地认识到，师爱是一种伟大的情感，而溺爱是一种过度的给予，会使学生遭受毁坏。充满智慧的师爱是一切教育的前提。

首先，教师要告诉学生正确理解和享受"爱"。关爱学生，这本身没有错，但一味地爱，一味地缺乏原则的爱，则就不再是"爱"了，就会变成溺爱。教育中真正的爱，意味着对学生的成长以至未来一生负责。这种爱不但包含着对学生生活的关心、学习的指导、知识的传授，更包含着教师对学生的严格要求，乃至必要而合理的惩罚，离开了严格要求，迁就、纵容学生的"爱"，不是真爱，只会使得他们像生活在温室里的花草，经不起风雨的考验。正所谓"不经历风雨，怎能见彩虹"。学生们可以说就是正在成长中的树，作为教育者，教师不仅需要给他们施肥、培土、浇水，更需要为他们疏枝和剪叶。放任自流只能使得他们长疯，而不能令他们成材。

其次，要让学生知道爱、体会爱。一位有爱心和智慧的教师付出爱，会让他的学生知道他生活在爱中。而这时的爱才会有价值，学生才会反过来理解自己所获得的爱，才能学会爱他人。这就要求我们教师在对学生实施教育和教授知识的同时，既要对他们进行表扬、赏识、鼓励和尊重，还要给予他们恰当、合理、有度的批评；既要给他们荣誉感，又要时刻提醒他们前方的路还很长，需要给他们以不断努力进取的动力与支持；提醒他们前方还会有挫折和失败，告诫他们要自信，不要被困难吓倒……要让学生体会到教师的爱的真诚、真挚就在与他们接触的点滴小事之中。教师就是学生的父母、姐妹、兄弟、朋友。

再次，要适时培养学生去"爱"。让学生拥有一颗爱的心，去主动地爱别人，是我们最终的追求与目标。因此，我们在教育学生学习认知的同时，更要教育学生学会助人。告诉他们要拥有一颗爱心，这比什么都重要。教师还要寻找恰当的时机，引导学生感恩、施恩，告诉他们"爱别人就是爱自己"是十分必要的，因为这是学生去实施他们自己"爱"的前提、动力和源泉。当然，这还需要我们潜移默化地影响、教育和引导。而这是一个长期的过程，因为"教育的爱，不只是达到某种教育目的而做出的一种姿态，它是一种思想、一种情感、一种氛围……它自然而然地贯穿于教育的每一个环节，也不声不响地体现在教育的每一个细节中，更潜移默化地浸润着每一个学生的心灵"。为此，教师要适时地告诉学生，爱还需要奉献、需要理解、需要平等待人、需要勇于承担责任。

故事

我记得有个小女孩儿，母亲迁就了她的一切怪脾气。后来，母亲生病了，得的是长期虚弱病，有时好些，有时又突然恶化。小女孩儿所在的三年级，打算去第聂伯河做一次有趣的旅行，为期5天。小女孩儿的母亲来学校了，是来商量怎么给女儿准备动身的。母亲感到身体很不舒服，但她尽力不理会病痛的折磨。我好不容易说服了小女孩儿的母亲，小女孩儿不能去旅行：难道可以丢下这个样子的母亲不管吗？我把这个小女孩儿从课堂上叫来告诉她说，她不能去旅行了。小女孩儿大哭起来。

"难道你没有看见妈妈这个样子吗？"我问道，"要知道，她有重病。她要费多大力气来装作没病的样子——难道这不让你不安吗？"

小女孩儿莫名其妙地看了我一眼。

"我哪儿会知道这事？"小女孩儿漫不经心地说，"妈妈并没有说，她病了还是没有病。"

这女孩儿不能和同学们一道去旅行，对此她显然是不满意的。理智在提醒她，不能丢下母亲不管，可是，心灵却什么也没有说。这就是不幸。

我不得不用不止一年的工夫来使这个女孩儿的心灵醒悟。我从教育上首先关心的是，要让小女孩儿体会到为母亲和为同班同学而劳动的自豪感。见到她眼里闪烁着作为人的这种自豪感后，我才能说，现在，这个人身上的人性诞生了。

总之，人的心灵是微妙的。教师要想"读"懂学生的心灵，挖掘出其身上的闪光点，发现其身上的优点，进而促使其更加优秀，就不但要爱学生，而且要智慧地爱学生。

（3）要理智地爱学生。

赞科夫说："不能把教师对儿童的爱，仅仅设想为用慈祥的关注的态度对待他们。这种态度当然是需要的。但是对学生的爱，首先应当表现在教师毫无保留地贡献出自己的精力、才能和知识，以便在对学生的教育和教学上，在他们的精神成长上取得最好的成果。因此，教师对儿童的爱应当同合理的严格要求相结合。"这就是教师不同于父母之爱的理性之爱，正如朱小蔓在《教育职场——教师的道德成长》中所说："所谓教师之爱的理性是指教师对学生的爱，不仅仅是出于人对人、成人对儿童的自然之情，更为重要的是具有理性的自觉之爱。这种爱不是母爱，但胜似母爱，它是无私、无畏、不求回报的；它超越了母爱的盲目性。它是教师在对学生身心发展规律有了充分认知、对教育本质有了真正领悟、对教师职能和角色有了清晰把握的基础上形成的理性之爱。"这种理性的爱，区别于建立在血缘关系上的亲情之爱。亲情之爱是以血缘为前提条件的，是有私心杂念的；教师的这种理性的爱，是建立在对人类文化和精神传承所需要的深刻认识和对个体心灵发展的真诚关注基础上的，是无私的。须知，每个学生都是一座金矿，教师要把每一块矿石中的黄金都开采出来，让其闪闪发光，就需要用理智之爱对待他们，对其倾注一种经过对人精神生命充满理性思考之后产生的爱，如此方能产生持久的力量，才能使之成为照亮学生心灵的阳光！

二、给每一个学生以尊重

"得不到别人的尊重的人，往往有最强烈的自尊心。"（马卡连柯）"在我的教育里，小孩和青年是最大，比什么伟人还大。"（陶行知）这些语句无不说明尊重学生的重要性。作为教师，要学着像大师一样，爱学生，给每一个学生以尊重。

1. 尊重学生，从教的基础

尊重，据《现代汉语词典》中的释义，有四种意思：其一为敬重、重视，意指对某人的态度；其二为尊贵、显要，是指某人的地位非常崇高；其三为庄重、自重，是指自己对自己要放尊重些；其四则是对对方的敬称。可见这是一个极其精妙的词语，它并非个别特权人士所独有，而是人人均需要的。作为学生，尊重之于他们同样重要，它是从教的基础。

（1）尊重促成良好的师生关系，调动学生学习的积极性。

马克思主义哲学认为："人的本质不是单个人所固有的抽象物，在其现实性上，它是一切社会关系的总和。"换言之，人活着总会与社会上的事物产生关系，人与事、人与人之间会有着剪不断理还乱的交集。脱离了社会、脱离了人际关系，人就不能称其为人了。人与人的关系是社会关系的重要组成部分，而人与人的关系又应当以互相尊重为前提，只有这样才能够正常、有序地发展人际关系、形成和谐的社会关系。师生关系也是如此。

因此，教师给予学生尊重，时刻想到尊重学生，将学生当作独立平等的个体加以对待，就会发现学生的可爱之处，促成良好的师生关系，培养学生的创新精神和实践能力，调动学生学习的积极性，从而让其主动发挥创造才能。

（2）尊重满足学生的心理需求，激发其积极向上的情绪。

美国心理学家马斯洛的需要层次理论认为，将人类需求按照由低到高的梯级排列下来，分别是生理需求、安全需求、社交需求、尊重需求和自我实现需求。生理需求和安全需求是最基本的需求，它是关系着人能否存活于社会的根本。而当解决了基本的需求外，便有了社交需求及尊重需求。人在与他人交往、与他人联系过程中，都希望自己能够得到对方的尊重、赏识，谁也不希望自己是一个不受欢迎的人，所以尊重需求穿插于人的一生，直至人们的最终需求——自我实现。因此，给学生以尊重，就满足了学生的这种心理需求，从而使学生学会彼此尊重、互相帮助、互相交流，从而进一步从他人身上找到信心，获得被人尊重的感觉，形成正确的人生观、价值观，进而形成良好的人际关系，激发起积极向上的情绪。

（3）尊重有利于提升教育教学效果，培养学生积极向上的心态。

行为主义心理学家华生认为："如果我们经常给与人的某种行为施以正强化，那么这种行为就会巩固下来；如果不给强化或者给以负强化，那么该行为就减弱或不再出现。"事实证明，教师如果将尊重学生作为一种常态固定下来，在教学和管理中及时发现和肯定学生的优点，给学生正面、积极的强化信息，就会使得学生保持积极向上的心态，更好地将精力放在学习上，而不是一味地以消极的心态对待学习，对待老师和同学。这说明，尊重可以强化教育和教学效果，激发学生的内在力量，培养其积极向上的心态。

2. 像大师一样尊重每一个学生

上文中我们提到了心理学家马斯洛的需要层次理论，明白了情感和归属的需要之于人的重要性，清楚了人在内心中均渴望得到他人的爱。我们的教育对象是学生，他们渴望获得老师的爱，渴望获得老师的理解、尊重和欣赏。大师用自己的亲身经历告诉我们，尊重学生，就要尊重学生的人格。

（1）尊重学生，就要平等地对待学生。

教师以真诚和平等的态度对待学生，不但体现了对学生的尊重，而且会走进学生的心灵，赢得学生的衷心爱戴，让教育做到此时无声胜有声。陶行知先生在日常工作和生活中，就平等地对待学生，诚如他所说："在我的教育里，小孩和青年是最大，比什么伟人还大。"正是因为陶行知先生这样尊重学生，他才用自己的平易近人、和蔼可亲博得了所有学生的爱与尊重。

案例

一两篇有水平的诗歌创作稿件发表了，同学们边看报边议论，外围的人向里挤，里面的人不愿让，有人建议："读一下，读一下吧！"只听得一个油腔滑调的声音开始朗诵了："人生在世有几何？何必苦苦学几何。学习几何苦恼多，不如学习咪嗦哆！"歪诗不胫而走，传遍了全校，引起了争论，多种评价褒贬不一。

陶行知校长知道了此事，也读了那首小诗。第二天，陶校长邀请小作者促膝谈心，和作者研究人生与数学的密切关系。他们从吃饭、穿衣谈到音阶频率的振动，直到国家大事，哪一件都少不了数学，离不开数学。因此，人人都要学数学，数学对于人就像人离不开空气、水分、阳光、营养品一样重要。小作者听到陶校长的谆谆诱导，连连点头说："校长，我这下真的明白了你为什么要我们同学把学好语文、数学、外语、科学方法论这四门功课作为开启文化宝库的'四把钥匙'的道理。我检讨……"陶校长马上接过话头说："现在我们是民主讨论，不是检会，你能认识问题，提高思想，就是进步。"小作者连连点头说："我们音乐组不少同学都有这种思想，让我去说服他们！"陶校长眯着双眼放心地说了一句："好啦！我们今天的民主探讨到此结束。"

面对学生的问题，陶行知不是简单粗暴地批评，而是以平等的态度对待学生，与学生进行面对面的沟通。在尊重学生个性的同时，在讨论中，他引导学生，让其明白自己的问题所在，从而主动纠正其错误的思想认识。这正是大师尊重学生的体现。

（2）尊重学生，就要保护学生的自尊心。

自尊心人皆有之，每位学生都有其个性和尊严。教师应是学生心灵的卫士，切不可随意伤害学生的自尊心。

案例

在一次音乐游戏活动中，学生学习开火车的动作，这个动作需要手和脚协调配合。经过学习，大部分学生都基本掌握了动作要领，唯独一名女同学怎么都学不会。老师急了，大声训斥道："你怎么那么笨，这么简单的动作都学不会。"从此，这名学生在音乐课上沉默了，再也听不到她美妙的歌声，听不到她分析乐曲的独到见解了。她甚至经常不去上音乐课。

由此可见，如果教师稍不留意，就会无意中伤害学生的自尊心，这种伤害甚至会影响学生的一生。而教师不经意的伤害，也许扼杀的就是"贝多芬""莫扎特"。因此，陶行知先生告诫教师，"你的教鞭下有瓦特，你的冷眼里有牛顿，你的讥笑中有爱迪生"，要尊重学生，保护学生的自尊心。

故事

苏联教育家马卡连柯在教育工作中十分尊重学生的人格。在他看来，尊重人、信任人，是教育人的前提；只有从尊重人、信任人出发，才能产生合理的教育措施，才能取得良好的教育效果。受过马卡连柯教育的谢苗·卡拉巴林，曾回忆他在高尔基工学团当学员时，马卡连柯如何尊重他、信任他，使他走上新生的历程。

高尔基工学团创办不久的一天，马卡连柯到监狱去领卡拉巴林。当马卡连柯和监狱长一起替卡拉巴林办理出狱手续时，马卡连柯亲切地要他暂时离开办公室。当时，卡拉巴林对此并不理解。十年后，当卡拉巴林已经是一名人民教师时，马卡连柯才告诉他说："我当时所以叫你走出监狱长的办公室，是为了使你看不见担保你出去的条子。因为这个手续，可能会侮辱你的人格。"卡拉巴林说："马卡连柯注意到我的人格，可是那时，我自己还不知道什么是人格。这是他对我的第一次温暖的、人道的接触。"在他俩从监狱去省人民教育厅的路上，卡拉巴林总是走在马卡连柯的前面，以表示自己不打算逃跑。而马卡连柯总是和他并肩而行，同时跟他谈话，使他高兴。他们所谈的都是关于工学团的事，只字不提监狱的情况和卡拉巴林过去的事。就这样，马卡连柯以尊重医治好了卡拉巴林受伤的翅膀，使他懂得了人的尊严，认识到了人的价值，从而信心满怀地飞翔在祖国的长空。后来，卡拉巴林成了老师马卡连柯的可靠继承者和得力助手。

卡拉巴林的变化历程，说明了尊重在教育中的力量。马卡连柯正是运用尊重的力量，保护学生的自尊心，从而激起了学生的自尊感，燃起学生对生活的热爱、对前途追求的火光。教育家的教育实践向我们证明：尊重学生，保护其自尊心，是一种富有鼓舞作用的教育方式，是教育成功的钥匙。

（3）尊重学生，就要宽容和接纳学生。

陶行知先生说过："创造最能发挥的条件是民主。民主的教师必须要虚心、宽容，与学生同甘共苦，跟民众学习、小孩子学习，肃清形式、先生架子和师生的严格界限。"因此，尊重学生，还要学会宽容、理解与接纳学生。

宽容即理解，是对学生人格自尊心的一种特殊尊重。有人这样透视教师的宽容，很值得思考：教师对学生的内心深入的宽容，为学生提供充分表达自己的机会和空间，这样才能有针对性地开启学生智慧，使其顿悟，进行有效的教育，并培养他们判断是非的能力；教师对学生思维方式的宽容，可以激发学生的个性思想火花，培养其创造精神；教师对学生特殊行为方式的宽容，是尊重学生个性发展特点，使学生在宽松自由的环境中展示自我、发展自我；教师对学生情感的宽容，是对学生人格的尊重。对教师而言，教师宽容地对待自己的学生，在非原则问题上以大局为重，就可得到退一步海阔天空的喜悦；教师宽容地对待自己的学生，意味着其教育思想更加深刻、教育手段更加成熟；教师宽容地对待自己的学生时，就是科学地看待教育过程，同时也以自己的宽容教会学生宽容。

故事

一次，孔子的得意门生颜回在街上看到一个买布的人和卖布的人在吵架，买布的大声说："三八二十三，你为什么收我二十四个钱？"

颜回上前劝架，说："是三八二十四，你算错了，别吵了。"

那人指着颜回的鼻子说："你算老几？我就听孔夫子的，咱们找他评理去！"

颜回问："如果你错了怎么办？"

那人回答："我把脑袋给你。如果你错了怎么办？"

颜回说："我就把帽子输给你。"

于是，两人一起去找孔子。孔子问明情况后，对颜回笑笑说："三八就是二十三嘛，颜回，你输了，把帽子给人家吧！"

颜回心想，老师一定是老糊涂了。虽然不情愿，颜回还是把帽子递给了那个人，那个人拿了帽子高兴地走了。

接着，孔子对颜回说："说你输了，只是输了一顶帽子；说他输了，那可是一条人命啊！你说是帽子重要还是人命重要？"颜回恍然大悟，扑通跪在孔子面前，恭敬地说："老师重大义而轻小是非，学生惭愧万分！"

孔子淡淡地说："躬自厚而薄责于人，则远怨矣。"

孔子的这种精神就是宽容他人的典型。事实上，这种宽容并不是每个人都能够做到的，明知是对方无理，或者是对方错了，却不争不斗反而认输，虽然自己吃点小亏，但使别人不受大损。这种宽容的精神是难能可贵的。而大师更是用宽容来概括自己的学说，有所谓"一言以蔽之，忠恕而已"，这里的"恕"即人与人之间的理解与谅解，即宽容。

三、敬业乐业，乐于奉献

陶行知先生说得好："捧着一颗心来，不带半根草去。"教师对每一个学生都要达到这种无私奉献的境界，让自己永远做爱的播撒者，永远甘为人梯。如此一来，在平凡的岗位上就会做出不平凡的事，就会产生非凡的力量。这种乐于奉献、甘为人梯的精神，也是为人师者必备的品格，是师德重要的内容。

1. 奉献精神，教师的职业态度

在古汉语中，"奉"是一个象形字，是两只手捧着一只酒杯的样子，由此可知其本意即双手捧着。那么"奉献"就是"双手捧着某种东西拿出来"。或许这种推测并不确切，但它却道出了教师这一职业的特征，说出了教师这种职业理应具备的品格，即以恭谨的态度去为人师、去从教。为什么教师要讲奉献的态度呢？

（1）教师职业的特殊性决定的。

从教师职业的角度来看，教师所从事的职业"是天底下最光辉的事业"。这一职业从大的角度来看，它为教师的生存提供了有效的保证；从大处说，教师的工作又不仅出于个人私利，还关系到学生的前途、祖国的未来、社会的发展、人类的进步！这种和学生、国家乃至全人类利益息息相关的事业，如果没有奉献精

神做保证，是很难从事与完成的。于教师教育的对象的角度而言，教师的教育对象是活生生的人，"十年树木，百年树人"，培养人的工作是最为艰巨的。因为教师所面对的是一个个鲜活的生命，而教育教学就是一种与生命的沟通，而与生命沟通就需要教师时时刻刻地恭谨，需要抛弃一切杂念和私欲，保证心灵的纯净与无私。"春蚕到死丝方尽，蜡炬成灰泪始干"这句千古传诵的名句，正象征着一种无私奉献的精神。春蚕一缕缕地吐着丝，直到老死于蚕茧中；蜡烛闪亮着火光照亮人们，毫不吝惜自己。教师作为青少年在科学殿堂里徘徊求索的引路人，其奉献精神就如同一支支用全部心血照亮学生心灵的蜡烛一样，就如同春蚕吐丝一样，用自己的知识乳汁浇灌着人类智慧的花朵。

（2）教师的人生价值决定的。

人生的价值在于奉献。爱因斯坦说过："人只有献身于社会，才能找到那实际短暂又有风险的生命的意义。"人只有献身于社会，才能使生命有意义。教师的工作就是培养各方面合格的人才，满足社会的需要。培养人才要花大量的心血，要流很多的汗水，因此倘若不具备献身精神，何以体现教师的个人价值？因此，从体现个人价值的角度来看，教师也要具备奉献精神。

（3）教师精神的历史传承决定的。

教师的奉献精神贵在"位卑未敢忘忧国"。古今中外，上下数千年，教师作用是伟大的。相当多的中外名师，成绩卓著，贡献辉煌，被誉为教育家，但绝大多数教师却是名不见经传，榜上无名，可他们都在尽力为社会作贡献，在教育这块园地上默默无闻地耕耘着。正是由于这种默默无声的耕耘，才造就出一批又一批人才。

故事

教育家陶行知先生在创办教育的过程中，舍己为人，毫不计较自己的得失，对个人名利看得很轻。当时，他经手的经费数额巨大，但他丝毫不沾，并为自己立下信条："捧着一颗心来，不带半根草去。"不仅不贪公肥私，他还为了办学仗义疏财，比如将个人全部积蓄1000元拿出来，创办了晓庄师范，还用母亲去世后的人寿保险金办山海工学团。当抗日战争爆发后，成千上万的难童流亡到重庆的时候，面对这些苦难的孩童，他感慨地叹息："人才的幼苗，需要阳光、雨露。没有这些，人才的幼苗就枯萎了呀！我常常想，莫扎特的姐姐比莫扎特更有音乐天才，为什么莫扎特成为著名音乐家而他姐姐不能呢？因为他们的父母穷，只能供一个孩子念书。"于是为了让更多的孩子有书读，他又创办育才学校，而办学的经费就靠着他卖字、卖文的一点收入，甚至最后他连自己当参政员的每月300元的车马费也全部献出来，再东奔西跑"乞讨"募捐，方成就了20世纪的新武训学校。陶行知个人生活非常俭朴，终年穿一身蓝布料的学生装，有时连吃饭也发生困难，正像他自己描绘的"生活不如老妈子"，远不及有钱人家的娘姨保姆。但陶行知不以贫困为苦，而以苦为乐。诚如其长子陶宏所说，他父亲"是一个自己吃苦叫别人快乐的人！他是一个不愿把自己的苦分给别人而只愿把自己的快乐分给别人的人，他是一个看到别人分到自己的快乐而更加快乐的人，我们无法表达出他所身受的种种困苦情况，然而他永远是一个达观的人"！

可以说陶行知的一生始终在为教育事业奉献、为学生奉献，而这所有的一切均源于他站得比常人高，看得比别人远，将名利与生死看破。他常说："唐僧西天取经，遭遇八十一难，不知者以为他是自寻苦吃，其实他是抱着一个宏愿要完成，看破生死就能乐而忘苦。"

由此可见，教师的奉献精神还来源于前辈大师身上的这种奉献精神，这是一种精神的传承。正是因为奉献精神是教师必需的，因此教师才要以德立身，以身立教，以教育人，用授业解惑点亮学生智慧之灯，用丰富的情感营造良好的育人氛围，用辛勤工作影响学生，使其自觉养成勤奋学习的行为习惯。

2. 像大师一样为学生奉献自己

苏霍姆林斯基说："你们不仅是教课的教师，也是培养人的教育者，是生活的导师和道德教员。"乌申斯基说："教师个人的范例，对于青年人的心灵，是任何东西都不可能代替的最有用的阳光。"这些均强调了教师之于学生的影响。而教师要成为学生生活中的导师和道德教员，成为学生心灵当中不可代替的最有用的阳光，就需要提升自己的人格，即要敬业乐业，乐于奉献。

故事

当年，陶行知先生为了实现"筹募一百万元基金，征集一百万位同志，提倡一百万所学校，改造一百万个乡村"，"叫中国一个个的乡村都有充分的新生命"，合起来造成中华民族的"伟大的新生命"这一宏伟的乡村改造计划，自愿放弃教授的优裕生活，婉辞大学校长的高位，脱去革履换上草鞋，率领同志在长江边燕子矶旁的一片荒野上艰苦创业，开辟新教育实验基地——晓庄师范，并全身心投入。一次，学校附近蝗虫成灾，农民恐慌万状，焚香膜拜，祈求上天保佑。谁知苍天无眼，如乌云蔽空的蝗群黑压压铺天盖地而来，到处是农民的哭泣声。陶行知动员全体师生，发动几个乡的农民，成立灭蝗指挥部，组织灭蝗队，配制灭蝗药，采用多种办法，一丘丘逐块清除害虫。他亲自参加战斗，身上挂的袋子装满了捕捉的蝗虫，就脱下袜子装了满满两袜子。蝗虫消除了，庄稼得救了，农民笑逐颜开。打着赤脚、提着袜子的陶行知与全体师生都成了农民心中的活菩萨。最终，经过三年努力，枣庄附近的农村开始改变面貌，渐渐"活"起来了。此后，因为支持学生的反帝爱国运动，学校被当局封闭后，陶行知不曾气馁，而是在顽强的事业心的驱使下，披荆斩棘，百折不挠。1946年，他到上海，当时国家内战危机迫在眉睫，他身处逆境，却仍对中国的前途抱着乐观态度，对自己的理想毫不动摇，仍"要在上海创办社会大学、函授大学、新闻大学、无线电大学、海上大学、空中大学，让整个上海都变成学校，让上海500万市民都有得到受教育和再教育的机会"。

可以说，陶行知先生的一生，可谓抱定宗旨矢志不渝，这正是他敬业精神的体现，也是他奉献精神的体现，即以认真负责的态度，忘我投入的志趣，从事自己主导的活动所表现出来的个人品质。这是一种能把自己所从事的工作当事业、当"责任田"对待，怀着一份热爱、珍惜和敬重之情而不惜为之付出和奉献，从而获得一种荣誉感和成就感的精神。

（1）热爱教育，热爱自己的学校。教师要做到敬业乐业，首先就应该热爱教育、热爱学校，树立坚定的教育事业心。我们教师只有真正做到甘愿为实现自己的社会价值而自觉投身平凡的教学工作，对教育事业心存敬重，才能在平凡的劳动中，在思想、信息、交流方面有"究天下之际，通古今之变，成一家之言"的独立感，在人际沟通方面有师生相处融洽和谐的亲切感。我们的工作，使无知的顽童变成优秀的学生，使迷惘的青少年成为祖国的栋梁，我们应感到欣慰。人的一生应该有个明确的目标，为理想而奋斗。热爱教育事业，关心学校，关注教育事业的发展，这是每个教师都应具备的品质修养。在实际工作中，教师只有珍视为人师表这份荣耀，严格要求自己，才能赢得学生的爱戴、家长的信赖和领导的认可。

（2）要热爱学生，建立良好的师生关系。热爱学生，是教师所特有的一种宝贵的职业情感，是良好师生关系得以存在和发展的坚实基础。教师对学生的爱，来源于教师对教育事业的深刻理解和高度责任感，来源于教师对教育对象的正确认识、满腔热情和无限期望。因此，教师越是满怀深情地去爱学生，就越能赢得学生对自己的爱，良好的师生关系就越可以迅速地确立起来并得到健康发展。这种爱的交流是学生成长的催化剂，它可以有力地把学生吸引到教育过程中来，激发学生进行自我教育的动力，推动学生朝着教育培养目标所指引的方向攀登。因此，教师要做到敬业乐业，首先就要热爱学生。关于此点，上面我们已经谈到了，在此不多谈。

总之，教师要热爱学生，就要尊重学生、信任学生，尊重学生的人格和自尊心，尊重学生的个性、爱好和隐私，如此方能建立一种平等、和谐的师生关系，才能培养出人格健全的学生，才能建立良好的师生关系，才能树立起良好的师德形象。

四、以身作则，率先垂范

孔子曰："其身正，不令而行；其身不正，虽令不从。"这句话，肯定了教师为人师表的重要性，说明了作为一名教师身教的重要性。作为学生心目中最崇高、最有威信的榜样，教师要在教育教学过程中，以自己的思想、信念和道德以及态度、仪表和行为等对学生进行潜移默化的积极影响和教育。可以说，身教相比于批评、责骂与训斥，可以达到"无声胜有声"的教育境界，尤其在培养学生非智力因素方面具有深远的影响。而这也是师德的首要内容，更是为人师表的前提。

1. 教师以身作则，成为学生的表率

一名教师要做到"其身正，不令而行"，首要的前提就是关爱学生，尊重学生，这是师德的首要内容。可以说，为人师表、以身作则是决定教师教育教学成败的重要制约因素。自古至今，一切在教学上有成就的教师，无一不是用以身作则、为人师表这一道德规范作为行动准则的。教师以身作则的作用有以下几点。

（1）引发学生奋发向上。

教师的表率作用是引发学生奋发向上的动力。教师的情感、言谈举止、生活习性，都会对学生产生巨大的感染力。"近朱者赤，近墨者黑"，这句俗语相当贴切地说明了师生间的影响和熏陶作用。因此，教师希望把学生引向正确的人生轨道，激发学生对生活中真善美的追求，教师本身就一定要具备良好的道德品质，用自身的言行去教育、感染学生。实践证明，能够为人师表、以身作则的教师在学生心目中是积极的，无论对学生的思想品质还是学习都会产生积极的推动作用。

（2）引导学生正确地认识世界。

教师的表率作用可以影响学生对事物的认识，进而影响其形成正确的世界观。这是因为，学生的向师性决定了他们在认识上确信教师影响的正确性。学生对教师所教的知识确认是真实的、科学的，对教师的教导，乃至一般的言行，都往往不加怀疑地承认其正确性，从而能自觉、主动地学习知识、执行要求。在现实生活中，我们经常可以发现这样的情形：同样是知识的学习与讲授，家长在教孩子做作业时，如果某个地方讲得与教师不同，孩子会固执地认为家长讲错了，因为老师不是那样讲的。此时的学生只相信教师而不相信家长，甚至对教师讲错的东西，他们也丝毫不加怀疑。由此可见，教师的表率作用对学生的影响非常重要，正确的影响会引导学生正确地认识事物，形成正确的世界观。

（3）联络师生情感，对学生发挥激励作用。

就情感方面而言，学生乐于接受来自教师的影响，极易将教师的要求转化为自己主观的需要，反对任何不尊重教师的人和事。他们对教师的表扬和批评，往往能引起自身深刻的情绪体验。而这会促使学生进一步要求自己表现得更好。研究证明，因为学生的向师性，就算是没有被表扬的学生也会积极地争取得到教师的表扬。不过，这是建立在教师为人师表、以身作则的前提下的。如果教师不能为人师表、以身作则，那么无论怎样表扬学生也不会对学生产生鼓励作用，甚至学生会因表扬而反感。

实践证明，教师自身纪律性强，方能管理好所教班级。因为这样的教师不但可以对学生起监督作用，而且其自身也可成为全班学生的表率和榜样。正像克鲁普斯卡娅说的："对于儿童来说，教师的思想与他个人的品质是分不开的。一个受学生爱戴的教师与一个不受学生爱戴的教师所说的话，他们接受起来是完全不同的。从后者口中说出，即使最高尚的思想也会变成可憎的东西。"由此可以看出，为人师表、以身作则对联络师生感情，顺利完成教育教学任务，会产生积极的推动因素。

（4）发挥人教人的作用。

在行为上，教师以身作则，其自身可以起到表率作用，进而成为学生学习的榜样。在一些学生心目中，教师是其心中的典范人物，是理想中的人物，会在自己的言行中不自觉地加以模仿。无数事实证明，教师的仪表、动作、姿态以及说话的语气等均可成为学生模仿的榜样。同时，教师的要求也可以很好地诱导学生行动的意向，并积极地指导他们的行动。所谓"桃李不言，下自成蹊"，实际上它就是人们常说的"身教重于言教"。西汉杨维因此提出"师者，人之模范也"的观点。由此可见教师对学生的行为能起到人教人的作用。

2. 学大师严于律己，以身作则

《论语》中写道，子曰："苟正其身矣，于从政乎何有？不能正其身，如正人何？"意思是，如果端正了自身的行为，管理政事还有什么困难呢？如果不能端正自身的行为，怎能使别人端正呢？俗话说："正人先正己。"教师作为人类灵魂的工程师，如果其自身的品德行为都不端正，又何谈教育学生呢？为此，大师以自己的言行告诉我们，为人师者，要严于律己，以身作则。

故事

陶行知先生用自己的实际行动来"建筑人格长城"。在他创办的育才学校，就流传过一个关于陶行知的"两个口袋"的故事。

育才学校是陶行知和全校师生赤手空拳办起来的，有时全校师生几乎无以举炊，陶行知只得四处西罗、左支右绌，迫不得已就停止体育锻炼，每天改吃两顿稀粥，以勉强维持生活。在这样的艰难困苦中，有人劝陶行知把育才学校停办了算了，但他坚决不答应。他发动全校师生走街串巷，向社会各界热心人士募捐，渡过了一个又一个难关。陶行知带头外出募捐，并宣布一条纪律：募捐来的钱涓滴归公，在任何情况下，任何人不得借故挪用分文。他自己是这样说的也是这样做的。他的上衣缝有两个口袋，一个放公款，一个放私款。有一次他到远处去募捐，走访了好多地方，募捐了不少现款，衣袋里装得满满的。在归途搭车时，忽然发现放私款的那个口袋里一分钱也没有了，他当时就有一个坚决的想法，决不挪用公家一分钱，尽管一天奔波下来，既疲惫不堪又饥肠辘辘，但仍坚持从十里外步行回校。

当育才学校师生听到这个消息后，都非常感动。当他们赶到陶行知先生的住处慰问时，陶行知先生亲切地、深刻地跟大家讲起韩非子在《喻志》中所说的一个比喻："千丈之堤，以蝼蚁之穴溃；百尺之室，以突隙之烟焚。"在现实生活中，小漏洞往往可以酿成大灾祸，千万不要因小失大。陶行知就是这样"以教人者教己"，在"建筑人格长城"中做到不留一点空隙。

陶行知先生可谓集言教、身教于一身的教育实践家。他主张将言教与身教结合，并强调"身教重于言教"的教育思想。他认为，教师的任务就是"自化化人"。因此，"教师应当以身作则"。他在《南京安徽公学创学旨趣》一文中进一步指出："我们虽注重师生接近，最注重以人教人。"强调"千教万教教人求真，千学万学学做真人"，认为只有"真教师才能培养真人才"。

（1）严于律己。教师要成为学生的表率，以人育人，就要注意规范自己的言谈举止，以自己的"言"为学生之师，"行"为学生之范，言传身教，动之以情，晓之以理，导之以行，做名副其实的人类灵魂工作师。而要做到这点，首先要求教师要具备良好的思想品行，以德立身，以身立教。孔子说过教师"其身正，不令而行；其身不正，虽令不从"。言教的效果如何，要以教师的身教来保证。教育者如果能以身作则，其言教就可以发挥更大的作用。否则，就不能达到预期的效果，甚至还会带来消极后果。这就是我们常说的"身教重于言教"。因为青少年模仿性很强，他们尊重教师、信任教师，把教师作为模仿的对象。一个学校拥有一支德才兼备、勇于探究的教师队伍，就会培养出一批又一批出类拔萃、品学兼优的学生。同样，一个学生只要有幸得到师德高尚、学识渊博的教师的悉心教导，也就会张开智慧的翅膀，飞向知识的海洋，开始人生理想的征程。因此教师要以自己崇高的职业责任对学生言传身教，潜移默化。学生对教师的一言一行耳濡目染，这样无形地塑造着学生的心灵。所以，无论对儿童还是青少年，教师都必须注意自己的言行对他们的影响，努力把他们引向正确的人生道路。使他们成为德才兼备的社会主义建设者和接班人。

（2）关心爱护，以"爱"感化。每个学生身上都有他的闪光之点、可爱之处，教师要靠诚挚的爱、宽阔的胸怀和友善的态度去关心学生，因为"爱"是转变学生思想的基础，"爱"是连接师生感情的纽带。教师和学生在课堂上是师生关系，在下课有父子（母子）之情。教师应积极主动地深入到学生的学习、生活中去，参与学生的各类活动，倾听他们的肺腑之言，从而达到师生间心灵的相互沟通，使学生自觉接受教育。

（3）自觉规范自己的行为。教师的行为表达着情感，学生从教师的行为中接受着情感的熏染和启迪。这是因为教育是人与人心灵上的相互接触，教师所表现出的道德面貌，既是学生认识社会，认识问题，认识人与人关系的一面镜子，也是学生道德品质成长最直观、最生动的榜样。因此，教师只有具有崇高的品德和高尚的行为，才能达到育人的目的。

（4）仪容着装，整洁庄重。教师要注意自己的仪表服饰。庄重、大方、整洁、朴素的着装，能够体现出教师的职业特点与美感，容易引起学生的敬爱之情，进而树立教师的威信和尊严。衣着过分鲜艳、浮华或过分拘谨邋遢，都是不适宜的。

（5）正确对待自己的错误。教师的威信和尊严不是自封的，而是通过"教书育人"实践逐步树立起来的。在这方面，教师还要注意不能在学生面前把自己看得"神圣不可侵犯"。如果这样，学生当面不敢"冒犯"你，但心里不服气，在一定的时候总是要"冒犯"你的。因此，教师在对学生进行教育时，要把学生与自己一同放在平等的位置上，要讲清道理，以理服人，不要大动肝火，更不能挖苦体罚学生。一旦自己有过失，要敢于承认，有错必改，以取得学生的谅解和信任。

（6）加强学习，提升教师魅力。作为一名教师，必须修品练功，树立良好的教师形象。桃李不言，下自成蹊。教师是学生瞩目的焦点和榜样，必须努力学习，提高自我修养，成为学生心中的偶像和楷模。教师要重视修品练功，以自己的人格魅力、学术魅力和工作魅力感召和吸引学生，起到良好的示范作用。教师要通过不断的学习"充电"，用模范教师的行为感染自己，用法规政策约束自己，用新的教育理念提高自己。教师只有做到以身立教，才能以自己的人格魅力感染学生，以自己渊博的学识去引导学生学会发展，也才会有教育的高质量。

五、有教无类，一视同仁

陶行知先生说过："不要你的金，不要你的银，只要你的心。"陶行知先生尊重学生，对学生一视同仁，不以家庭门第、衣裳面貌及个人好恶评价他人。这充分反映了一名教师正确的学生观和高尚的师德。因此，为人师表者要培养自己有教无类、一视同仁的品格。

1. 有教无类，正确师生观的基础

"有教无类"含有一视同仁之意，指的是无论高低贵贱、贫穷富裕，都有受教育的权利。这一说法源于我国古代教育家孔子。

（1）"有教无类"的起源。

当初，孔门弟子德才贵贱参差不齐，孔子对他们一律平等相待。他日日夜夜与学生在一起，亲密无间，还经常和学生开玩笑。在周游列国到郑国时，师生失

散，孔子孤零零站在城门口，被郑国人讥笑为丧家之犬。子贡把这些话如实相告，孔子不仅不生气，反而连连说："然哉！然哉！"师生一起大笑不止，师道尊严被抛到九霄云外去了，师生关系之融洽可见一斑。此外，孔子还极其关心和爱护学生，据《论语》记载，冉伯牛生病时，他去看望；颜渊去世，他深受打击，曾大哭一场。

除此之外，孔子这种对学生平等的思想，也体现在孔子的教学中。孔子与学生在一起时，从不摆老师的架子，而是平等待人、教学相长。他认为学问是没有穷尽的，自己的话也并非句句是真理，所以他希望学生指出他的差错，能对他有所帮助。他在学生中提倡"当仁不让与师"（《论语·卫灵公》）的精神。这是值得我们后辈为师者永远学习的师德风范。

（2）"有教无类"的意义。

综上所述，所谓有教无类，实际上谈的是教师的一种民主的学生观。它提醒我们每位教育工作者，对待学生要一视同仁，不可凭个人好恶、学生的个性以及家庭背景等给学生贴标签，要以教师的大爱，平等地关注每个孩子的成长。可以说，这种学生观对于学生和教育均产生巨大的影响。

首先，"有教无类"有利于促进学生健康成长，形成良好的师生关系。"有教无类"，公平、公正地对待学生，体现了教师的公正，是高尚师德的体现。公正是教师的一种美德，它表现为教师在教育劳动过程中的一种高尚人格。公正就好比一架天平，它衡量着教师行为的道德水准的高低，并在教育活动中对学生产生极大的人格影响。教师具有公正的品质，无疑会发挥为人师表、言传身教的榜样作用，进而影响学生对教师的情感，影响学生的向师性。因此公平、公正地对待学生，做到"有教无类"，可以引导学生形成正确的价值观，从而建立起良好的师生关系。

其次，"有教无类"有利于班级管理和教师的终身发展。师生关系是学校主要的人际关系，班集体是学生学习、生活于其中的主要环境，对学生成长和进步起着十分重要的作用。一个班级中，师生关系良好，对于形成良好的班风有着积极的作用。而要形成良好的班风，其中一个重要因素就是教师能做到公正。教师秉持公正，可以在班集体中形成公正的舆论，产生强大的向心力。反之，如果教师不能伸张正义、主持公道，不能一视同仁地对待每个学生，就会对班集体产生一种腐蚀作用，就会使班级纪律松懈、人心涣散，影响班集体的团结，自然就不可能形成良好的班风。同时，教师倘若以公平、公正的态度对待学生，做到"有教无类"，也会提升自己在学生中的威信，从而赢得学生的拥护和爱戴，进而有利于其工作的展开，提升其教育和教学效果。这也说明了公平、公正对教师自身发展的重要意义。

2. 大师告诉我们怎样树立正确的学生观

要做到"有教无类"，我们教师就要树立正确的学生观，给予学生充分的爱与尊重，激励每一个学生，让他们健康成长。但是，作为教师，我们都知道，在班级里总有那么几个学生，我们要对其说爱很不容易。他们要么学习差，要么行为差，更有甚者为"双差"。教师们刚开始时大多苦口婆心，试图以柔克刚，令其悬崖勒马，可一旦发现这些学生"屡教不改"，教师们通常会失去耐性，继而恶语相向，或对其不闻不问。于是，这些学生们便破罐破摔，越发地令人头疼。所以，对于这样一些有"顽疾"的学生，大师们用自己的行动告诉教师们，要有"对症下药"的意识和"妙手回春"的艺术。

故事

在苏霍姆林斯基领导的巴甫雷什中学里形成了这样一个观念，那就是相信所有孩子都能被教育好。这里没有"差生"的概念，只存在"困难学生"或"难教育学生"的说法。在教育实践中，对这类学生一般不单纯由某个教师去进行教育，对他们进行教育往往是整个集体的义务。苏霍姆林斯基一生中就教育过178名"难教育的学生"，这178名学生都有一个艰难的教育过程。每周，苏霍姆林斯基都要走访困难孩子的家庭，以便深入了解形成他们道德的最初环境。他跟孩子的家长们、邻居们以及教过这些孩子的老师们进行交谈。

这一天，他来到了小学生高里亚的家中。这个"家"给他留下了这样一个印象：高里亚是个非常不幸的孩子，他从小失去了父亲，母亲在他刚满周岁时，又犯了严重的罪行，被判处十年徒刑。高里亚从小住在姨母家，姨母把他看成额外的负担。高里亚成了一个典型的"难教育学生"，这就是他的家庭背景。

原来，高里亚从上学一个月后，大家就对他产生了一个鲜明的印象：这是一个懒惰成性、常会骗人的学生。在短短的一段时间里，他就表现出了"难教育"的特点。秋天，当高年级学生植树时，他有意破坏了几株树苗的根部，并向全班同学夸耀自己的"英雄行为"。有一次课间，他把手伸进别人的书包，拿出课本，用墨水把它弄脏，再放回原处，并以天真无辜、泰然自若的态度来欺骗教师审视的目光。还有一天，他们班去森林远足考察，他一路上撞这打那。当班主任——一位女教师，故意不理睬他，向其他学生讲解山谷、丘陵、山和冲沟的有关知识时，他走到全体学生面前，做出滑稽动作，还登上峭壁往下看。老师旁敲侧击地提醒："同学们，不能走近冲沟边缘，跌下去很危险！"他突然高声喊道："我不怕！这个冲沟我滚下去过！"说着就蜷起身子滚了下去……

苏霍姆林斯基根据家访的情况，找来班主任等有关教师共同分析高里亚上述行为产生的原因。他提出了自己的看法：高里亚对自己的行为所抱的态度，是故意装出来的、不自然的。家庭环境的影响，使高里亚对人们失去了信心。对他来说，生活中没有任何神圣的、亲切的东西。苏霍姆林斯基的看法对教师们触动很大。大家一致认为，高里亚之所以不好，是因为过去人们只看到他恶劣、放荡的一面，而没有主动关心、挖掘他身上闪光的地方。这个学生表现出来的缺点，是在向周围的人对他漠不关心、冷淡无情的态度表示抗议。这样的分析增强了教师们的同情心、关注之情、教育的敏锐性和观察力。

一次，苏霍姆林斯基发现这个孩子单独玩耍，好像很随便的样子，于是他把高里亚请进了生物实验室，要高里亚帮忙挑选苹果树和梨树的优良种子。虽然高里亚装出不屑于栽培树苗的样子，可是孩子的好奇心还是占了上风。他们两人一起挑选了两个多钟头，直到很累为止。这件事引起了高里亚的极大兴趣，当班主任再次去高里亚家时，发现他正在施肥栽树。此后，班主任老师因势利导，在班级栽树活动中让高里亚指导别的孩子们。及时的发现和鼓励温暖着这个孩子的心灵。虽然后来高里亚曾多次反复出现不良倾向，老师们却着眼于长善救失，对其循循善诱。"工夫不负有心人"，在教师们的共同教育下，这个孩子在三年级时光荣地加入了少先队,以后他还经常帮助有困难的其他同伴,为集体默默地做好事。高里亚好像变了一个人。

从这里可以看到苏霍姆林斯基的一个教育信念:热爱孩子、关心孩子、尊重孩子,相信一切孩子在教育中都能够向好的方面转变。

(1)一视同仁,正视差异。

作为教师,要在教育活动中对学生持民主与尊重的态度,对每一位学生都要关心、爱护,无偏见、不偏袒,不以个人好恶为标准。"坚车能载重,过河不如舟;骏马行千里,耕田不如牛",尺有所短,寸有所长,当教师的要相信每一个学生都有长处和不足,不要轻易看不起自己的学生;今天学生学习不行并不代表明天他不行,我们的学生几年后发展的差异是非常大的,当他们在学校的时候就应该给他们公平公正的待遇。

教师要在平等的基础上善待每一位学生,视生如子,对他们关爱有加。教师要让每个学生都能享受到教师的阳光与雨露,与他们平等相处,用自己的信任、关心激发他们的求知欲与创造欲,与他们公平对话,与他们风雨同舟,与他们同甘共苦,做学生的良师益友。不以分数论英雄,不以贵贱判成败,不因个人好恶而有亲疏厚薄之分;要明确,教好每一位学生是教师的天职,不能按照人为标准把学生分成三六九等。

(2)学会体谅和宽容。

素质教育理论认为,教育应当是一种民主型的、以学生为主体的、以师生合作为基础的现代教育。作为现代教师,应当学习孔子那种爱教育、爱学生的品质,学会体谅和宽容。学生的身心正处于成长时期,教师要设身处地从学生的角度考虑他们的感受和行为,体谅学生,同时对于学生身上发生的一些不尽如人意的事情要予以宽容。亚里士多德曾说:"在有些情况下,公平对待也就是体谅和宽容。宽容就是体谅,是对事物作出正确判定,正确判定就是对真理的判定。"

教师要以博大的胸怀,容忍学生的个性差异,善待受教育者;既含充分信任,又显热情期盼;有尊重、敬畏之心,无居高临下之势;对学生满腔热忱,关怀备至,为助其成长不遗余力。教师要以自己的真诚换得学生的真诚,以自己的正直构筑学生的正直，以自己的纯洁塑造学生的纯洁，以自己人性的美好去描绘学生人性的美好，以自己高尚的品德去培养学生的品德。

（3）要给学生提供多样化的发展机会。

美国心理学家加德纳的多元智能理论认为，每个个体都具有自己独特的智能结构形式，即都具有自己的智能强项和弱项。这种差异并不表现为好坏、高低、贵贱之间的差异，而是多样化的表现。每一个学生都有其自身独特的价值，教师在教育教学中应该承认差异、适应差异、追求多样性，尽可能地提供适合学生发展的机会，保证学生有机会获得适合其特点的教育。

教师要认识到，学生各异，每个学生都是一个特殊的个体，都有一个特殊的心灵世界。他们因家庭、父母和自幼所处的环境等外界因素的不同，加之各自平时的兴趣点不同，因而，他们在兴趣、爱好和习性上又具有着明显的个性差异。这些个性的差异对他们的学习志趣有着极其重要的影响。教师在教育教学中，只有善于发现学生在丰富多彩的教育教学活动中所不断表现出来的鲜明个性，从而进行因材施教，才能有效地去培养他们的个性，挖掘他们的潜能。当我们可以准确地把握每一个学生的个性，并能做到用自己的爱心去组织和开展我们的教育教学活动，使学生乐于参加、主动发挥，那么，他们的潜能就能得到最大限度的发挥，从而使他们逐步地成长为各种特色的人才。

（4）要多鼓励、少批评。

要做到"有教无类"，教师就要对学生多鼓励、少批评，要认识到"好孩子是夸出来的"。如同当教师的都想得到领导的表扬一样，学生同样希望得到老师的表扬。由于学生之间存在着极大的差异，因此爱一部分学生容易，爱全体学生（尤其是爱后进生）就不太容易了。学生们可能会给教师带来很多不愉快的事情……但我们如果只对一部分学生施以爱心，而对另一部分学生毫无感情，不仅会造成师生之间感情对立，而且会影响学生心理的正常发展。因此，教师既要爱"金凤凰"，也要爱"丑小鸭"，把爱的阳光洒向每一个学生，给每一个学生以发展的机会。

因此，教师在与不同类型的学生相处时，要把学生当作与自己地位平等的人来对待，尊重他们的意愿和情绪，善于倾听他们的意见和要求，决不以自己的是非标准和好恶去"裁决"学生，不要样样都"越俎代庖"，更不能训斥、挖苦、讥讽学生，而要练就一双慧眼，善于发现学生的进步和优点，给予学生经常性的表扬，于是学生就会获得前进的信心和勇气，进而充满激情去争取更大的进步。尤其是对于平时表现较差、成绩不好的学生，教师更要创造机会对其加以表扬，及时而敏锐地发现他们一点点小的进步，并加以表扬与肯定。如此一来，长时间对学生加以关注，学生自然会养成良好习惯，各方面的表现就会不断地好起来。

专题二

师责：以造就真正的人为己任

　　责任就是一个人分内应做的事情，也就是一个人承担应当承担的任务，完成应当完成的使命，做好应当做好的工作。合格的教师，既要承担教书的责任，更要担起造就真正的人的责任。对此，叶圣陶先生振聋发聩地呼吁："学生现在和将来做人做事，还要与前面所举的帮做庄稼和出外旅行一样，是综合而不可分的；那么，我能只顾分科而不顾综合，只认清自己那门功课的目标而忘记了造成健全公民的那个总目标吗？"

一、教会学生"做人"

叶圣陶先生曾说："受教育的意义和目的是做人，做社会的够格成员，做国家的够格成员，做国家的够格公民。"教书育人，就是要使学生学会做人、学会求知、学会劳动、学会生活、学会健体和审美。其中，"学会做人"是居于首位的。

1. 学生会"做人"，教师的首要责任

"做人"是教育的宗旨和目标，也是教师的首要责任。那么如何理解"做人"这一说法呢？关于"做人"，人有各式各样的人，做有各种各样的做法。教师不能仅仅把教育的责任当作只让学生读书，读懂几本教科书，那是不正确的。于学生教育而言，读书，读教科书，那只是一种手段，最终目的在于让学生学会做人。

（1）做对国家和社会有益的人，这是做人的第一要义，即人要懂得活着是为了推动社会和国家向前发展，是为公而不是为私，并尽自己所能为社会的进步和国家的发展做出贡献。关于这一点，叶圣陶先生在 1932 年就曾明确解释过。1932 年，叶圣陶先生向中学生们提出了"何所为而学习"的问题，他认为："学习不能没有中心；换句话说，学习这个，学习那个，要明白何所为。将趋向'封建时代的权威主义和资本主义的个人主义'呢，还是趋向'使人类的劳动力无限发展的集体主义'？对这个问题不做决定，学习就像盲人骑瞎马。"这道出了做人的方向，做人的根本。在现代社会，只有具备集体主义广阔胸襟的人，才能是一个真正有益于人类、有益于社会、有益于国家的人。

（2）要做明事理的人。所谓明事理，就是要懂得世间某些事物的道理和做法，即遇到问题和矛盾既能"知"也能"行"。叶圣陶先生说："做一个人必须与物跟事打交道，打交道必须凭借知和能。你不懂得道理和做法，交道就打不成，你的生活必将一塌糊涂，这如何要得？"换言之，要明事理，就要有知识、有本领，这是做人的起码条件。在现代社会，新的问题、新的矛盾、新的事物不断涌现，各种社会关系日益复杂，一个"够格"的社会成员和国家的公民，他需要的"知"和"能"，无论在量上还是在质上，要求都将比以往高得多。受教育（即学做人）这个带有根本性的理论问题，又将在实践中充实新的内容。

2. 学大师怎样教学生"做人"

受教育，学做人，手段不止于读书，更不止于在学校里读教科书；出了校门，走入社会，接触各种各样的问题，处理各种各样的矛盾，吸收各种各样的信息，都是受教育。在"怎样做人"这个问题上，应该是活到老学到老，学无止境。

（1）要做知行合一的人。叶圣陶先生认为，在校学生做人，要在学中做，让"学"的过程成为"做"的过程。原因是"学生在学校里念书做功课，理由是预备将来做人，将来做事，这是成千上万的教师父母们如是想的，也是成千上万的学生们信守着的。换句话说，学生过的并不是生活，只是预备生活。所以一切行为，一切思虑，都遥遥地望着前面的将来，却抹杀了当前的现在。因此，从初级小学以至高等大学校里的所有一个个生物只能算'学生'，还不能算'人'，他们只学了些'科目'，还没有做'事'"。在叶圣陶先生看来，将来固然重要，然而现在却是通向将来的立足点和出发点，也同样重要。现在学会做一个够格的学生，将来才能真正成为一个够格的公民。学，就是要做，就是要一步一个脚印地去实行。因此，教师要认识到，学生时代只是未来做人的"准备"阶段，只有将知行合一，方能让学与做结合起来，从而为未来的成长打下基础。否则，学生一旦将学与做割裂开来，就会最终学无所用，成为纸上谈兵的愚人。

实际上，关于做知行合一的人，教育家陶行知也是这样提倡的。他提出的"生活即教育"我们从下面的这个故事中就可以看到。

故事

山海工学团刚成立的时候，农民的孩子有了读书的地方，烧香拜佛的红庙成了教室，可是没有孩子们用的桌椅。上课的时候，同学们带来自己的凳子，有大有小，高低不一。一星期以后，学校请来了木匠师傅，他闷着头做凳子，一天能做好几个。陶行知走过来，看见木匠师傅满身是汗，就递给他一杯水，说："我们不是请你来做凳子的。"木匠疑惑地望着陶行知："那叫我来做什么？"

"我们是请你来做'先生'的。""我可不识字。"木匠慌了。陶行知笑着说："我是请你来指导学生做木工的。你如果教会一个人，就可得一份工钱。如果一个也没教会，那么就算你把凳子全做好了，还是一文工钱也得不到。"木匠显出为难的样子。陶行知亲切地说："不要紧，你不识字我们教你。我们不会做木工，拜你为先生。我第一个向你学。"说着，陶行知拿起一把锯，对准木板上画好的线就"吭哧""吭哧"地锯起来。

第二天，广场上摆着木匠用的工具，老师带着孩子们来学做凳子。有个小朋友嘟囔着："我们是来读书的，不是来做木匠的。"一个大人看见孩子拿起工具，不小心就很容易弄破手，也皱起眉头直摇脑袋。这时，陶行知笑着说："我有一首诗读给大家听听：'人生两个宝，双手与大脑。用脑不用手，快要被打倒。用手不用脑，饭也吃不饱。手脑都会用，才算是开天辟地的大好佬。'你们看写得如何？"小朋友都拍手说好，那个大人也不好意思地笑了。

从此，每天孩子们都学做凳子；他们也当"小先生"，教木匠师傅认字。3个月后的一天，教室里的50个孩子，都坐着自己做的凳子。讲台上还有孩子们自己制作的杠杆、滑车等玩具和仪器。家长们挤在窗口、门外，信服地点头叫好。

这个故事形象地诠释了做知行合一的人的"做人"的方式，即将理论与实践结合起来，这样才能以理论指导实践，让实践检验理论。那么我们教师应该如何将大师的理论予以贯彻实施呢？叶圣陶先生为我们指明了方向，即教师在学生求知求能的过程中，必须倾注全部心力引导学生求真知和真能，而且不仅让学生头脑里能懂、口头上能说，还必须让他们真正能做才行。为此，教师可以从以下几方面入手。

首先，在教学形式上要侧重于对学生合作探究能力的培养。在合作探究的过程中，学生对知识的学习不止于头脑里懂，而且在行动中可以做，从而做到知行合一，提升思维能力。

案例

某教师在教学"角的大小"时设计了这样一个问题："角的大小与什么有关?"学生大胆猜测：有的学生说与角两边的长短有关，有的学生说与角两边叉开的角度有关。这时，老师赶紧抓住这一时机，放手让学生进行探究。学生拿出事先准备好的两个大小相等、长短不等的角以及两块三角板进行操作验证。同学们很主动，交流信息时，有的学生得到"角的两边叉开得越大，角越大，角的两边叉开得越小，角越小"这一结论；有的学生得到"两个角的边的长短不一样，但是角的大小是相等的，所以角的大小与角的两边的长短无关"这一结论；有的学生得到比较两个不同角的大小的方法；等。

在这样的开放式课堂中，学生动手与动脑相结合，思维火花自然而然地迸发出来，充分培养了学生的合作探究能力。这正是对学生知行合一能力的培养。

其次，多为学生创造社会实践的机会，让理论学习与实践锻炼结合起来，从而培养学生知行合一的观念，使之将理论与实践结合起来。

案例

崧泽遗址是上海最早有人类生活的地方，是上海远古文化的发源地，被称为"上海之源"。崧泽遗址发现了新石器时代墓地，出土的器物具有独特的文化内涵，被称为"崧泽文化"，其上承马家浜文化，下接良渚文化，是长江下游流域考古学文化谱系中的重要一环，也是第一个以上海地名命名的考古学文化现象。某初一年级的学生开展了针对这一文化现象的研学之旅。学生们以小组为单位，协同合作，了解崧泽遗址，并在老师的指导下，在研学手册上写下了各自的研究主题。比如，由遗址中发现的"第一井"探究"上海先民储水技术的发展"；由"短嘴家猪陶塑"想到"上海先民农耕文明中驯化动物的历史探究"等。在研学过程中，学生们不仅领略了上海第一人、第一稻、第一村的风采，还看到了墓葬的遗迹和丰富的随葬物品，学习了上海早期人类文化发展的历史进程。在专业导览的讲解中，学生们看到了先民生活遗址，学到了上海乡土历史，做了古小实验，体验了崧泽文化的悠久韵味和浓郁的地域特色与人文气息，在探究中感受到了上海先民创造的灿烂文化以及城市悠久的文脉与传承。这一活动让学生将所学、所听的知识与实践结合起来。

（2）要做全面发展的人。既然教育的宗旨在使受教育者学会做人，那么做人就是人人必须学会的，否则将影响整个人类文明的进步，影响整个社会和国家的发展，所以教育的受益者必须是受教育者的全体，而不是少数个别"超群"人物。这一观点与苏霍姆林斯基的全人发展观点不谋而合。苏霍姆林斯基指出："每个教师都要履行教育者的使命，要把自己所教学的学科作为智力素养的源泉展示在学生的面前，使这门学科的教学成为个人全面发展的一个方面。"即教师要培养德、智、体、美、劳全面发展的人才。那么如何引导学生成为全面发展的人呢？那就要引导学生做健康的人（不但身体健康，而且心理也健康）。

首先，教师要注重对学生的品德教育，要认识到德育是学生全面发展的核心，丰富的精神生活和精神需要造就学生高尚的品德。智育的本质与任务在于给学生以系统的科学知识，使其形成科学的世界观。学生的知识建立在广阔的"智力背景"上，为此，教师要采用丰富多彩的教学形式促进学生智力的发展，如开设思维训练课，开展课外读书活动，组建课外学习兴趣小组等。

其次，教师要重视学生的身体健康教育。健康的体魄是一切工作的本钱，因此教师要意识到体育锻炼对学生的成长具有重要的意义。诚如苏霍姆林斯基所说："对健康的关注，这是教育工作者首要的工作。孩子的精神生活、世界观、智力发展、知识的巩固和对自己力量的信心，都要看他是否乐观愉快、朝气蓬勃。"因此，教师要像苏霍姆林斯基一样，注意控制低年级学生的学习时间和学业负担，为他们创造轻松自由的学习氛围，并制定合理的作息制度，以保证学生们有充足的休息和睡眠。

再次，教师要重视对学生进行美育教育。诚如苏霍姆林斯基所说："美是道德纯洁、精神丰富和体魄健全的有力源泉。"为此，教师要注重培养学生的美的情感和塑造学生美的心灵，并采取切实有效的借施和手段让学生发现美、感受美、创造美。

最后，教师要重视对学生进行劳育教育。劳动创造人类和财富，劳动教育对学生的成长、成才至关重要。因此，教师在教育实践中应加强对学生的劳动教育，改变一些学生"好逸恶劳"的恶习，使其树立劳动光荣的信念。为此，教师可以采用多种形式，借助于灵活的教育方式，培养学生的劳动兴趣，激发学生对劳动的热爱，使其养成劳动习惯，形成正确的劳动观念。

故事

一次，苏霍姆林斯基把 12 岁的儿子谢廖扎叫到跟前，给了儿子一把新铁锹，并对他说："儿子，你到地里去，量出一块长宽各一百个脚掌的地块，把它刨好。"儿子很高兴地拿了铁锹，来到地里就刨了起来。

在没有用惯铁锹之前，谢廖扎感到很费力。随后干得越来越轻松了。可是待到他用铁锹准备翻出最后一锹泥土时，铁锹把折断了。

谢廖扎回到家里，心里感到忐忑不安：父亲一旦知道铁锹坏了，会怎么说我呢？"爸爸，您可别怪罪我，"儿子说："我让家里失掉了东西。""什么东西？"父亲问。"铁锹坏了。"这时，苏霍姆林斯基并没有责怪孩子，而是问："你学会刨地了没有？刨到最后，是觉得越来越费劲，还是感到越来越轻松了呢？"

孩子回答："刨到最后，越来越轻松了。"这时苏霍姆林斯基说："看来你不是失，而是得。"孩子疑惑不解。他继续说："愿意劳动了，这就是最宝贵的收获。"这时孩子一颗忐忑不安的心顿时平静下来了。

在这个故事中，苏霍姆林斯基在对孩子的教育过程中，善于因势利导，进行积极的鼓励，激发孩子心灵的火花。于是孩子不仅获得了精神上的愉悦，而且看到了劳动的价值，树立起了良好的劳动观点。这可谓是一种"特殊奖励"。

二、发展学生的个性

苏霍姆林斯基说："我们的职责是：全面地发展每个学生的个性，发现他的禀赋，形成对艺术创作的才能，以便使他享有一种多方面的完满的精神生活。"这句话道出了教师的责任之一：重视发展学生的个性，培养多方面的人才。

1. 个性化教育，学生创造力的源泉

何为个性化教育？所谓个性化教育，就是以人为本的教育，就是把每一个学生当作教育的目标，确立和尊重学生在教育活动中的主体地位，尊重他们的个性特点，以人为基础，以人为前提，以人为动力，以人为目的，让学校的一切活动都为满足学生的成长和发展来设计和组织，着力培养他们的自信心、全面而和谐的素质、鲜明的个性，尤其注重培养他们的创造力。这一教育方式有着相当积极的意义。

（1）了解个性及个性化教育。

要准确地理解个性化教育，首先就要理解个性。所谓个性，通俗地讲，就是独特性。哲学意义上的个性主要从一般意义上强调某事物不同于其他事物的差异性，以及共性与个性之共存、辩证关系。心理学从抽象人的角度，一般把个性阐释为：个体在社会实践中形成的带有倾向性的、本质的和比较稳定的心理特征的总和，主要表现为需要、动机、兴趣、信念、理想、能力、气质和世界观等方面，是一个多方面、多层次、多水平的统一体。这里既包括个性心理倾向性，又包括个性心理特征。

尽管作为教育学的两大基础学科———哲学与心理学都没有也不可能给出一个科学的"教育个性"概念，但我们从教育的本质分析，对教育个性进行归纳和总结：教育学中的"个性"应为，个体在先天素质基础上，通过与后天环境（主要为教育）的相互作用（内化、外化），形成有利于自身解放的，由多种素质（体能智能、活动能力、道德品质、情感意志等）融合而成的独特整体。

由此可知，个性化教育，顾名思义是旨在提升学生（优良）个性的教育。个性化教育有两个基本前提条件：一是发现并尊重学生现有个性，二是提供有利于学生个性提升的物质条件。这些必要的主客观条件，是个性释放与完善的基础。鉴于上述对个性的反思与审视，个性化教育可具体表述为：在发现和尊重受教育者现有个性，以及有利的物质条件基础上，最大限度地促进受教育者的体能智能、活动能力、道德品质、情感意志等素质自主、和谐、能动地发展，最终形成优良个性的教育。个性化教育的终极目的就是培养个性化的人，而教育个性化

又是一个必然途径。至此，必须理顺个性化教育与教育个性化的关系。教育个性化是实现个性化教育，从而培养个性化的人的过程。

（2）个性化教育的特征。

个性化教育的落脚点与归宿在于培养有完美个性的人，这一教育具有如下特征。

第一是民主性。个性化教育是真正的民主化教育。教育民主的本质在于为受教育者提供适合其个人特点的教育，让其充分、和谐、自由地发展。个性化教育正是在个人特点基础上展开的，以适应并促进个性发展的方式，实现具有完善个性的人的培养。个性化教育所倡导的师生关系是民主型的。教师不仅仅是师长，还是学生的朋友，他了解学生、理解学生、尊重学生，帮助学生寻找最适合他自己个性发展的方式。民主的师生关系是教育教学有效开展的基础。

第二是针对性。针对性与民主性有交叉点但又不同。为个体提供适合其特点的民主化教育，也是针对性的体现。针对性还隐含着选择。针对学生个性特点进行教育，学生个性又有优劣好坏之分，比如心理品质良莠不齐，学习方式好坏共存。所以，教育要针对学生的个性特点，有选择地进行，既不盲从，也不放任自流，让学生通过张扬积极的个性，发展优良个性，摒弃消极个性，比如与时代和社会发展不相容的个性应在教育过程中加以克服和抑制，最终造就适合自己的优良个性。

第三是多样性。个性化教育不仅包容多种有益的教育方法，还在学校教育制度、组织形式、教育内容、教育评价等各方面全方位地具有兼容性，以适合个性不同的学生发展的需要。同样，学生作为个性化教育的核心要素（出发点和归宿），通过接受多样的、适合自身的教育，而表现出各自不同的个性特征，这是人类发展目的之所在。

第四是全面性。历史经验表明，教育既能使人片面发展，也能使人全面发展，人具有全面发展的潜能。个性化教育正是把握了人全面发展的潜能。个性化教育摒弃平均发展、整齐划一的发展，强调诸要素和谐发展。它主张每一个个体，在全面发展的基础上，可以在某方面或某些方面突出地发展，以适合个人个性的发展。

第五是社会性。个性无不打上时代、社会的烙印。教育作为社会子系统，其对个性的影响无疑具有社会性。人的个性化过程同时也是社会化过程。一方面，社会化总是具体人的社会化，社会化在每一个个体身上，必然体现出个人的特点；另一方面，个性化必然是在社会化过程中完成的，个性化总是具有社会属性的个性化。

第六是主体性。主体性表现在教育是受教育者自主的活动、创造的活动。这要求教育者的活动能够引起受教育者积极、主动的反应，从而使其个性得到积极、主动的发展。同时，要培养学生的创造性思维，使其学会独立思考，以便进行创造性的活动，达到主体的最高境界。此外，主体性还来自自我教育，学校必须把教育的对象变成自己教育自己的主体，使学生学会学习，用已有的主体性发展新的主体性。

2. 看看大师如何让教育体现个性化

大量事实表明，把主动权交给学生，让学生人人都做集体的主人，人人都能借助集体来锻炼自己的能力，充分展示自己的个性特点，已成为新时代的发展要求。苏霍姆林斯基说过："一个良好的班集体是学生展示个性与才能的舞台。"因此，教师要发展学生的个性，重视个性化教育，就要注意从自身和班集体建设方面入手。

（1）树立正确的个性化教育观。

要树立正确的个性化教育观，教师就要让自己成为实践者和研究者。所谓研究者，并非仅仅是传统意义上的学术研究者，而是现代意义上的教育与教学科学的研究者。作为研究者，教师要重视个人的自我意识、个人的自我教育、个人的实践或职业能力。在研究过程中，教师要始终保持一个反思者的形象。这种反思既有对过去的理解、批判性反思，也有对学生及教育环境的反思；既是个人独立的反思，也是团体合作的反思。这种种反思共同交织于教师的行动中，使得教师行动系统地、理性地、螺旋式地向个性化教育的目标靠近。

（2）借助于集体进行个性化教育。

教师必须认识到，集体既是教育的对象，又是教育的手段，在本质上是教育过程中的主体。教师要真正实现个性化教育，就必须加强对集体教育的研究，通过建立本真意义上的集体，实现真正的个性化教育。因为只有在一个方向正确、目标明确、管理完善的集体中，才会有真正意义上的个性化教育。

　　首先，就教师本身而言，倘若想进行个性化教育，就需要变换自己的教育教学方式。这种变换要依据学生的个性特点进行，能起到教育学生、传播知识、提升能力的作用。让我们看一看苏霍姆林斯基告诉我们应该如何做。

故事

　　一天上午，苏霍姆林斯基同往常一样，去听一位小学低年级语文教师的课。课堂上的最初几分钟，学生们正紧张地思索着老师提出的一个个问题。这位青年教师开始叫学生回答问题，苏霍姆林斯基认真地记录下了学生的回答，可是学生们的回答并不能让他感到满意。他发现学生使用的许多词和词组在他们的意识里并没有很鲜明的表象，跟周围世界的事物和现象联系不起来。学生们仅仅是重复别人的思想，让别人听到的仅仅是一些被学生硬挤出来的、笨拙的、背诵下来的句子和词组。对于它们的意思是什么，学生似乎并没有搞清楚，苏霍姆林斯基想："为什么学生的回答总是那样贫乏、苍白无力、毫无表情呢？为什么在这些回答中常常缺乏儿童自己的活生生的思想呢？"这时课正在进行中，只听见教师提示学生："课后要复习，词意、句式一定要记住，下节课提问……"听到这里，苏霍姆林斯基皱起了眉头，思维再也集中不到听讲上了。他想到，难道教学摆在学生面前的唯一任务就是识记、保持和再现？这时，他想起一位学生的一篇作文，由于当时教师带着学生对花的形状、颜色进行了观察，了解了这种花与那种花不同的特点，于是在教师的引导下，学生把闪烁的阳光、白色的花瓣、忙碌的蜜蜂、颤动的树枝、悠闲的小蝴蝶等这些事物之间相互联系起来看，然后充分想象，进而自编出各种有关花的故事。这说明倘若教师不让学生死记硬背，而是让学生充分发挥自主性，发挥其个性特点，那么学生一定能表现出积极的思维、鲜明的思想。由此可见，教师在课堂上不仅要教给学生一定范围的知识，还要加强学生的思维训练……因此，他确定了"要思考，不要死背"的教学宗旨和教育思想。

这一事例提醒我们，在进行个性化教育时，教师要打破传统教育思想的束缚，真正发挥创新精神，针对学生的个性特点进行训练，以便强化学生的思维，从而引导不同思维特点的学生均得到发展。

其次，教师要用多种方法塑造学生丰富的个性。在教学上，教师要发挥个性化教育的优点。作为班主任，要积极创造条件让每一个学生都有机会发挥个性潜能，展示特长。要让学生自由选择活动的项目，在自己喜欢的项目中尽量发挥自己的特长，为每一位学生都提供发现、尝试、锻炼和表现自己个性的机遇和条件。班级工作中可通过"竞选班干部""班干部轮换制""值周班干部"等制度来塑造学生多样化的个性。

此外，教师还要注意与学生建立亦师亦友的新型师生关系。教师要认识到，和谐的社会需要和谐的教育，师生关系也应变得和谐而融洽。师生民主、平等、相互尊重、亦师亦友，这种关系有利于落实个性化教育，促进学生健康成长。

当然，教师还要注意的是，没有规矩不成方圆。一个集体要发展，就必须有一个规范用于对学生进行约束管理。常见的规范都是以"一视同仁"为根本依据的，但我们还应根据实际情况以及不同学生的个性特征，对制定好的行为规范做一定的变通，这样有了因人而异的规范就可以充分发挥学生的个性，培养学生积极进取、勇于开拓的创新精神。有了合理的规范，还应树立起正确的舆论导向。能否形成正确的舆论，树立良好的班风，是衡量一个状态良好、积极进取的班集体是否形成的重要标志之一。

（3）设立合理的个人目标和班级目标。

目标是前进的方向和动力。因此，在设立目标时宜根据个人及班级的具体情况设立"跳一跳，够得着"的可行性合理目标。这样的目标易于实现，而每一个小目标的实现都能使学生产生自信心和成就感，激发他们向更高的目标前进。

（4）弘扬学生的自主性。

自主性是区别人与人之间个性发展状态的标志，自主性强的人是客观环境的支配者和控制者。他们不会盲目地受客观环境的支配，也不会盲目顺从他人的意愿。自主性强的人能自我调节和自我控制，具有自律性；弘扬人的自主性和主体性，应当是教师进行个性化教育的根本任务。因此，教师要充分尊重学生。面对学生身上表现出来的在成人看来可能是不成熟甚至可笑的行为，教师要站在学生的角度看待这些行为，进而理解学生，而不是将自己的价值观强加给学生；相反，教师要允许和鼓励学生对社会问题提出自己独特的看法与见解，保护和激励学生的创造欲望和创造尝试，对学生表现出来的不听话的言行要正确对待。关于此点，我们在后面会进一步加以阐释。

总之，随着社会的转型和发展，在发展素质教育的今天，我们在对待学生态度和方式以及教育理念上也有了深刻的转变和提升。

三、以理想信念鼓舞学生

"三军可夺帅也，匹夫不可夺其志也。"作为一个两千五百多年前的古代教育家，孔子非常注意对自己的学生进行理想信念方面的教育，引导他们为国家、为社会做出一番事业，实现自己的人生抱负。苏霍姆林斯基则认为，信念是激励人按照自己的观点、原则和世界观去行动的被意识到的思想倾向，信念不仅是人们对自然和社会的认识，而且人们对这种认识富有深刻的感情和热情，力图去捍卫它，并企图使别人也赞同自己的认识。信念能使人迸发出积极性和坚强的意志，使人在身心上忍受难以置信的折磨和痛苦，进而爆发出巨大的力量。由此可见，对学生进行理想信念教育，也是教师的职责之一。

1. 理想信念，学生人生的航标灯

如果说社会是大海，人生是小舟，那么理想信念就是为小舟引航的灯塔和推动小舟前进的风帆。一个人没有科学的理想信念，其人生就会像失去了方向和动力的小船，就会在生活的波浪中随处漂泊，甚至会沉没于生活中的急流中。可见，追求远大的理想，坚定崇高的信念，对一个人的一生是有着重要意义的。对处于成长过程中的青少年学生而言，理想信念同样有着极其重要的意义。

（1）认识理想信念。

何为理想信念？从理论上说，理想信念也是价值观念，但不是一般的价值观念，而是处于价值观中的最深层次，是价值观的核心形态。其中，理想就是人们所信仰、所向往、所追求的奋斗目标，是人生目标的直接反映，是人生价值的客

观表现，是人类不断进步的强大动力。信念是人们在一定的认识基础上确立的对某种思想或事物坚信不疑并身体力行的态度，是人的认识、情感、意志的统一体或"合金"，是内心坚定不移的思想和外在行为实践的结合体。

（2）理想信念的意义。

苏霍姆林斯基认为，"思想信念——形象地说，这是照亮全面发展的一切方面的光源，同时，它又是人个性的一个个别的、特殊的方面。"孔子也强调立志——理想信念的重要性，于是有了《论语·先进篇》中的师生就立志展开的对话。可以说，理想信念对于学生的意义主要有以下两方面：一是帮助学生树立远大志向，为理想人生引航；二是个性化教育的深入。在个性化教育中，立志体现出"三个结合"——共性与特性结合、社会贡献与个人发展结合、道德与科学结合。规划立志教育要从应然、实然到必然。具体来看，教师对学生进行立志教育，对于学生来说有着怎样的意义呢？

首先，理想信念引领人生目标，是人的心灵世界的核心。一个人的人生是高尚还是庸俗空虚，是由其是否具有理想、有什么样的理想核心和信念决定的。因此，一个具有理想信念的人必定会有着远大的志向，而远大的志向是一个人健康成长、发展的关键。同时，坚定的理想信念是防止患道德幼稚病的重要措施。与道德幼稚病对立的是道德成熟性，而道德成熟性是与思考成熟性分不开的。"成熟的思考意味着：要把知识变为信念，要有思想的坚定性，忠于信念，并随时准备捍卫自己的信念，为信念而斗争……要培养全面发展的人，必须对信念活动予以极大的重视。"（苏霍姆林斯基）

由于理念信念的积极作用，孔子主张对青少年学生进行理想信念教育，认为理想信念甚至比个人生命还重要。他以弟子颜回为例，引导学生重视锻炼百折不挠的意志，强调"笃志""笃行"。这说明，理想信念对于学生个人的成长和学生整体发展起着至关重要的作用。因为要实现理想，就需要发挥学生的主体作用。

其次，理想信念有助于促进知识转化，可以明智。从一定角度来看，理想信念不但可以提升人的意志，培养人的良好品行，而且可以提升人的智慧程度。一方面，这是因为在为了实现理想追求信念的过程中，学生必定要在学业上精进、快进，如此就促进了智力的增进，呈现智慧的丰盈；另一方面，因为意志薄弱，怕苦怕累，学生自然已有的聪明才智难以通达和落实。所以，立志可以提升智慧，从而推动学习的进步。

最后，理想信念有助于激励奋进。理想信念，尤其是远大的理想，可以让人在艰难困苦中寻求真实的自我，带来自己梦寐以求的现实。试想，倘若刘备没有树立远大的理想信念——匡扶汉室，那么他何以甘愿三顾茅庐，请出卧龙先生诸葛亮呢？由此可见，理想信念可以催人奋进，给平凡的人生注入活力。

2. 像大师一样用理想信念鼓舞学生

理想信念是如此重要，因此于教师而言，用理想信念鼓舞学生，实际上就是对学生进行立志教育。因此对学生进行理想信念教育也是教师的职责所在。下面，我们就来一起学习大师的教育方法。

（1）区别对待，针对引导。

对学生进行理想信念教育时，教师要注意区分和合理对待不同年龄学生理想信念教育的差异性，有针对性地进行教育。小学、初中和高中，学生各有其生理、心理特点和发展规律，理想信念教育的内容、方法也应有所不同。

就小学生而言，应根据儿童"乐嬉游而惮拘检"的特点，采取"诱之歌诗，以发其志意"等方法，"使其趋向鼓舞，中心喜悦，则其进自不能已"；还可以通过玩游戏、讲故事、看电影和参观访问等方式方法有计划地进行理想信念教育；可以用榜样的力量，引导学生以某个英雄模范人物或生活中接触到的自己所崇敬的人或课本中的某一人物为自己追求的理想目标；引导学生结合自己的兴趣爱好和特长来树立理想——爱好唱歌跳舞的学生希望自己将来能成为歌星、歌唱家、舞蹈家；爱好数学的学生以将来当一名工程师、科学家为自己的理想。教师可经常给学生讲名人立志故事，使其树立远大目标并为之努力。同时，学生也要向身边的榜样学习，有可模仿的对象。

案例

某教师每天利用中午半小时时间开展"浸润生命，点亮人生"读书活动，对学生进行理想信念教育。这位老师先是引导学生集体读《木偶奇遇记》《爱的教育》《昆虫记》《小王子》《论语》；然后指导学生掌握正确的读书方法，帮助其养成良好的读书习惯，增加适合他们阅读的优秀儿童文学作品，让他们集体读《一个灵魂出窍的小猪》《小学生必背诗文 140 首》《改变一生的砺志故事》《智慧的背囊》《假如给我三天光明》，从而引导学生树立远大理想，进行理想信念教育。

在读书活动中，她要求学生一边读书，一边积累名言佳句或写读后感，及时将自己的感悟内化成外在的语言文字，促进学生读思结合、读写结合，感悟文本内涵，批注自我真情，将所思、所想、所感呈现于书本，于是学生在显得稚嫩的书写中，宣泄出阅读时的真情实感，体现出个体阅读的深度，进而对人生志向深入思考，实现理想信念教育。

对于初中生，鉴于这一阶段学生处于承上启下达到"有志于学"的重要年段，可通过生动有趣的讲授和利用报告会、讨论会、演讲会、朗诵会等载体进行理想信念教育。教师要重视情境的创设和环境的优化，以使学生们在"入于中和而不知其故"的情境中实现志趣"自然日长月化"。

案例

"理想，从这里起航"主题班会

一、营造氛围，明确理想的重要意义

（播放歌曲《放飞梦想》，营造气氛，主持人提出理想的含义。）

二、诗歌朗诵《理想》

三、谈自己的理想，如何实现理想，如何塑造自信心

主持人（男）：朗诵得真棒，是啊，"理想是路，引领我们走向黎明"。拥有了理想就拥有了人生的珍宝，下面请同学们谈谈自己的理想。

（先小组交流，然后再选一两个代表起来谈谈自己的理想：同学们畅所欲言，有的说长大后要成为科学家，有的说要成为美容师，有的说要成为教师……）

四、表演：三句半《谈理想，论未来》

五、表演：小品《诱惑》

六、讨论：如何去实现理想

（每一小组选一位同学回答。）

七、说格言

（每一小组选一位同学回答。）

八、全班同学齐唱《真心英雄》

九、全班同学集体宣誓《我为成功而诞生》

十、班主任小结

对于高中生，考虑到他们处于少年末期和青年初期，是立志和世界观、人生观与价值观初步形成的年龄段，同时考虑到高一到高三不同阶段学生的心态发展，应在不同阶段实施不同的理想信念教育。

（2）将理想信念教育与校内各项活动结合起来。

校内各项活动是培养学生各项能力的平台，教师要将对学生进行理想信念教育的思想和精神落实到活动中，充分发挥校内外各项活动的育人功能。教师要明确校内各项活动是实施素质教育的重要途径和有效方式，从而让其在加强校园文化建设、提高学生综合素质、引导学生适应社会、促进学生成才等方面发挥重要作用。

（3）在教学活动中对学生进行理想信念教育。

苏霍姆林斯基认为，所谓信念，就是"人对所获得的知识以及从这些知识中引出的结论所采取的个人态度"。这就是说，信念是人对知识的态度，是在知识的基础上形成的。为此，于教师而言，在使学生掌握知识的同时，使学生形成正确而坚定的信念，是教学发挥教育功能的重要方面。他说："教会儿童积极地看世界，在劳动中恪守信念，这是使知识发挥教育作用的主要前提。我们认为极重要的一项任务，就是要在积极活动中形成世界信念。"那么，知识在什么情况下才能成为人的信念呢？教师要借助于多种多样的教学活动，将理想信念的教育渗透于教学活动中。

首先，教师要将理想信念的教育穿插在学生对学科知识的学习中。苏霍姆林斯基认为："学生通过实践（就这个词的狭义来说，就是对事实和现象进行直接观察，同时也通过间接的思维）去证明一个解释和推翻另一解释。在这种情况下，知识就不是消极地掌握的，而是去获得的，即靠积极的努力去获得的。因此，这种知识能转变为信念，学生也会非常珍视它们。"这种知识是学生独立获得的，学生对知识有深刻的理解并且反复地思考，知识变成了学生主观世界的一部分，变成了自己的观点。对少年儿童来说，一边动手一边思考的活动对知识转化为信念有特别重要的意义。

案例

某教师针对小学生模仿能力强的特点，精心选择易于模仿的课文片段，对学生进行有效的写话训练，从而对学生进行立志教育。比如在《阳光》一课中有这么一个典型的句式："山上的小树，因为有了阳光更高了；田里的禾苗，因为有了阳光更绿了。"在学生理解这句话之后，让学生模仿这个句式写：（　　）的（　　），因为有了理想更（　　）。教师以此启发学生从不同的角度、不同的事物（动物、植物、人物）去说，充分感受志向对一个人的重要性。再比如在教学《画风》一课时通过课文的学习，教师向学生展示叶圣陶先生的诗歌《风》："谁也没有看见过风/不用说我和你了/但是树叶颤动的时候/我们知道风在那儿了/谁也没有看见过风/不用说我和你了/但是树梢点头的时候/我们知道风正走过了/谁也没有看见过风/不用说我和你了/但是河水起波纹的时候/我们知道风来游戏了。"然后教师引导学生将其改写成以理想为中心的诗歌。学生交上来很多角度新颖又精美的小诗，表达了他们的理想和志向。

其次，知识能否转化为信念，学生在掌握知识过程中的情绪体验十分重要。苏霍姆林斯基说："如果教师的讲课没有真正的、由衷的情感，如果他掌握教材的程度只能供学生体验他所知道的那一点东西，那么学生的心灵对于知识的感触就是迟钝的，而在心灵没有参与到精神生活里去的地方，也就没有信念。"为此，教师要在教学中注重对学生情感体验的引导，让学生全身心地投入知识的学习中，进而强化其理想信念。

案例

某化学教师充分利用化学这门学科的特点——实验，在知识传授过程中，利用丰富多彩的素材、千变万化的实验现象，让学生在动手动脑的过程中体验化学学习的快乐，满足他们的好奇心，激发他们的学习兴趣，使之热爱化学学科。比如在教学进行到"分别蘸有浓氨水和浓盐酸的玻璃棒相互靠近，出现'空中生烟'的奇景"时，这位老师引导学生在感叹这一实验现象的同时，提出"为什么出现这样的景象"等问题，激发学生进一步探究的兴趣和欲望。在学习过程中，这位老师除了挖掘化学教材中介绍我国的某些化学工艺，如造纸、火药制造等，还介绍相关的发明家，从而使学生在学习知识的同时，全面了解知识的创造者，从中受到感染和影响，进而激发学生崇高的理想信念。

"每一个儿童，就其天资来说，都是'诗人'。"这是苏霍姆林斯基的学生观。叶圣陶先生曾说："语文教材无非是个例子，凭这个例子要使学生能够举一反三，练习阅读和写作技巧。"因此，教师可以在教学活动中渗透对学生的立志教育。

（4）在对学生进行立志教育的同时，要注意关注学生成长，帮助其建立信心。

苏霍姆林斯基认为，人的天赋、发展的可能性、能力和爱好是无可限量的，而任何一个人在这些方面的表现又都是独一无二的。为此，教师应善于发现每个学生独特的创造潜能，帮助其认识自我，发现自己身上的充满人类自豪感的火花，从而促使其成为一个自信心十足、精神坚强的人。针对每个学生的不同特点，教师要合理确定每一个学生所能达到的学习程度，促使其智力有序发展。自信心可以"让每个孩子都抬起头来走路"。因此，教师在评价学生时，要善于用欣赏的眼光发掘其身上的闪光点，尊重其人格尊严，从而帮助他们建立良好的自信心。尤其是后进生，教师还要用爱融化其"冰心"，用耐心去培养其坚强意志，最大限度地促进其健康成长，帮助其克服困难、改正缺点，使其真正抬起头来走路。

最后要提醒注意的是，对学生进行立志教育要明确三个前提：一是立志教育是个性化教育的深入，要帮助学生结合自身优势和潜能确立自己未来的发展方向与志愿；二是个性是有差别的，志向是多样化的，要鼓励学生从多角度立志，进而为社会的发展做出贡献；三是立志教育应以学生为中心，立志是学生自己立志，教育的作用是引导、帮助，二者不可相互替代。

四、培养学生的责任感

苏霍姆林斯基认为给新一代以知识和教养，使之获得人类文化的宝藏，这是社会主义社会一项最大的福利，青少年一代应该把这项福利作为革命的最宝贵的成果加以珍惜。但是，一部分青少年把学习当成一种苦差事和沉重的负担，这是缺乏和谐的教育的直接后果。只有把责任感变成学校精神生活的核心，才有可能减少这种现象。因此，培养学生的责任心也是教师的责任之一。

1. 责任感，敢于担当的核心

所谓责任感，是指个人对自己和他人、对家庭和集体、对国家和社会所负责任的认识、情感和信念，以及与之相应的遵守规范、承担责任和履行义务的自觉态度。通俗地说，责任感就是责任意识和负责精神，即做好自己分内的事，对自己所承担的事情尽心尽力并认真负责地完成。当自己承担的任务出现问题的时候，要勇于承担责任，不推诿。学生责任感的培养具有相当重要的意义。

（1）人才发展的要求。马卡连柯明确指出："培养一种认真的责任心，是解决许多问题的教育手段。"跨世纪人才应是博学多才、具备快捷获取信息能力、有终生学习理念、有自我发展精神、有与人合作的能力等的综合性人才。而这一切均与学生自我责任感的培养密不可分。

（2）做人的基础。责任感是一种态度，是"道德评价最基本的价值尺度"。一个人未必什么都会做，但是，当他做任何事情都很认真、很负责的时候，他就有可能凭借这种态度战胜困难，发挥出自己最大的潜能。因此，责任心是一个人做人的基础。一个没有责任心的人，往往对自己的行为不负责任，有的甚至不顾最基本的准则，损害他人和社会的利益。

（3）集体建设的关键。责任感是一种心理品格，同时它也是一种道德素质和能力要素。它是一股强大的精神力量，可以形成集体的凝聚力，引导学生向有利于集体的方向发展。它是形成和巩固良好班风、校风的思想基础和有力保证。

（4）学习的动力。社会的利益和个人的利益相结合，个人的幸福和社会的幸福相和谐，使个人承担社会义务，应当符合人的个人愿望，这就是责任感的含义。因此，从这一角度来看，青少年对他人、对社会负有责任感是他们努力学习的动力之一。

2. 在大师指导下培养学生的责任感

如何培养学生的责任感呢？那就得从培养学生的责任心入手。教育家马卡连柯这样说过："没有责任心就不会有真正的工作。"责任心是一种习惯性行为，培养学生的责任心，将关系到他以后的人生。每个人不一定都会有超越前人的贡献，但如果没有责任心，他一定很难成功。有责任心，在工作中才会认真、负责，还能磨炼坚韧的意志，从而更好地克服困难，也更容易成功。

（1）在困难中培养学生的责任感。

马卡连柯认为："生活中有一个叫作'困难'的概念，有许多事要付出极大的体力和脑力，有允许做的事和不允许做的事，有值得赞扬的事和应受谴责的事，有道德高尚的事和卑鄙可耻的事。遭遇困难才能给人打开通往幸福之路，这一点正是以责任感教育学生的技巧和艺术之所在。"为此，他认为要培养学生的责任感，就要让学生在学习和其他活动中遭遇困难，付出劳动。要使他们从中体验到，世界上的事情要人们付出体力劳动和脑力劳动才能解决，取得成果。学生在学校里学习是在享受他人的劳动成果，因此，应该好好学习，将来回报他人和社会。为此，教师可以让学生在承受生活和学习的困难中培养其责任感。

案例

为了在学生中掀起感恩教育以及爱护环境、美化环境的热潮，使"爱我中华，感恩社会"社会责任感培养的教育氛围更浓厚，使教育落到实处，某校组织学生开展了清扫街道活动。活动开始前，班主任林老师在本班级内对学生进行了感恩教育、环保教育、劳动教育、安全教育。下午，同学们在操场上集合后，就在老师的带领下热火朝天地干了起来。在活动过程中，他们充分发扬不怕苦不怕累的精神，最终在一个小时内将任务全部完成，不仅使学校所在街道周边的环境得到了改善，也使学生真正认识到了环保的重要性，体味到付出与回报的乐趣，明了自己对自己、对他人、对社会所应担负的责任。

苏霍姆林斯基认为，要使青少年一代从幼小的年纪开始就体验到："教育者的任务就在于：要使自己的学生遭遇困难；正是遭遇困难中萌发出能力———一种具有深刻道德性的能力，即珍惜年长一代所给予他们的物质财富和精神财富的能力。遭遇困难是个人幸福和欢乐的源泉，它只有在一个人从社会得到什么和他对社会贡献什么这两者之间达到高度和谐的地方才得以展开。"

（2）以爱育爱，让学生在爱的氛围中孕育责任感。

情感因素的核心是"爱"，因此教师应注意在生活中营造爱的氛围，让学生意识到享受爱的同时，要注意付出爱，这是一种责任感的体现，更是培养责任感的方法。

首先，教师要注意抓住平时的细节，对学生的责任感予以肯定和表扬，不断强化其责任感。

故事

马卡连柯说："我坚定地相信，诱使儿童自觉地、刻苦地从事脑力劳动的一种强有力的刺激物，就是赋予他的脑力劳动以人情味儿，使他意识到给自己的亲人（妈妈、爸爸）带来喜悦是一种高尚的情操。一个心地善良、关心别人的儿童，他能够在那种初看起来并没有什么恶劣行为的地方感觉出不好的事来。"比如当四年级学生柯里亚对马卡连柯说："我应当好好学习，我妈妈有病。"这孩子感到如果他的记分册里出现了坏分数，母亲就会伤心难过。他希望母亲能够心情平静。他知道，他能用自己的行动安慰母亲的心，不要使她操心和不安。于是马卡连柯就及时鼓励他，对他的举动予以表扬，从而加强了柯里亚的责任感。

其次，教师要将责任感的培养放在生活的方方面面，通过营造班级组织环境影响学生。比如苏联著名教育家苏霍姆林斯基为了培养学生对家庭、学习的责任心，每当一年级新生入校时便在校门口挂出这样的标语："热爱你的妈妈吧。"可见，"爱"是责任感的基础。一个热爱自己、他人、家庭、国家、学习的学生自然就会对这些产生责任感。

最后，为了培养学生的责任心，教师要以身作则，注意对学生进行爱的教育，以爱育爱，让他们在爱的氛围中孕育责任感。我们知道，教师是影响学生责任感形成的主要人物，为此，教师要把自己的心血、才智、温柔、激情都凝聚成对学生的爱，去关注每一个学生，去感化每一个学生。教师要用这种细致而高尚的爱，激励学生去拼搏，去爱我们这个世界。孩子们在"被爱"中学会"爱"，便会在爱的氛围中奠定责任感的良好基础。

（3）榜样激励，让学生在潜移默化中体验责任感。

美国心理学家班杜拉的社会学习理论认为，人们的品德行为往往是通过观察、模仿示范者所做出的榜样而学习得来的。孔子所言"见贤思齐，见不贤而内自省"，说的也是这个道理。苏霍姆林斯基说过："世界是通过形象进入人的意识的，儿童年龄越小，他的生活经验越有限，那么生活鲜明的形象对他的影响就越强烈。"因此，榜样教育的力量是无穷的。责任感作为一种道德情感，最终外化为一种行为表现出来。教育者是第一榜样，其自身的行为往往比语言对学生有更强的感染力，因而，其必须以身作则，进行榜样示范，用自己高度的责任感去培养学生的责任感，即"以性格培养性格，以心灵塑造心灵"。所以，在工作中，教师要严格要求自己，注重身教和言教，做好学生的表率。教师要以一种榜样的形象出现在学生面前，让学生感觉到"我们教师责任感真强"从而产生"我们也应该这样"的念头。

其次，注意在学生中树立榜样，大力表扬班上富于责任心的人和事，组织被树为榜样者向全班同学介绍各自的动人事迹，还将他们记入光荣册，以激发全体学生向先进学习的思想感情。

（4）因势利导，让学生在件件小事中形成责任感。

马卡连柯说："无论在生产上、课堂上还是学校里、混合小队里，都需要有责任心，这是很重要的。"为此，教师要认识到对小事的责任心是对大事的责任心的基础，即强烈的责任感是在小的责任心基础上逐步积累起来的。因此，在教育工作中，教师要培养学生责任感就得抓紧小事不放松，从而日积月累，瓜熟蒂落般取得成果。在学生明白了什么是责任感的基础上，教师要善于从学生平常的学习、活动中发现其身上的闪光点，因势利导，培养学生的责任感。

案例

W老师注重对学生责任感的培养。一天，班上一张椅子倒在地上，挡在通道中间，上课铃声响了，很多同学都绕它而过，没有人想到把它放好。这时一个女生主动过去把椅子移开摆正。W老师就抓住这件小事，在班上热情表扬了这位同学，称赞她有极强的责任感。平时班上每天的值日生，在工作完成情况优秀的前提下，W老师总要及时夸赞他们责任心强，能把自己负责的工作做得井井有条。之后，班上出现了很多喜人的景象，关心集体、关心同学的人越来越多。

（5）在班级管理中培养学生责任感。

教学实践经验告诉我们，学生的责任感只有在具体的行为情境中才能得到更好的培养。在良好的班级氛围形成之后，学生会产生出一种表现的欲望，教师应尽可能地为学生提供表现自我的行为情境。

案例

苗老师在班上推行"班级自动化管理"方案，设了常务班长、值周班长、值日班长（全班同学轮流任值日班长），还设了其他岗位（如学习委员、中队长等）。这些岗位，学生都可以通过竞聘上任。最后，几乎班上所有学生都表现出了参与竞选的意向。竞选之时，很多学生克服了自身胆小、怕羞的弱点，勇敢地走到讲台前朗读自己简短的甚至不大通顺的演讲稿。苗老师对所有登台的学生都给予了肯定，大多数学生也都进入了班委会，在后来的工作中，他们表现出认真、主动、负责的特点。此外，苗老师还在班里推行各种委员负责制，如"5分钟岗位劳动"，做到人人有岗位。苗老师把教室空间划分到每位同学身上，让教室的每个地方都有人管，每个人都有事管，以此增强学生的责任感。班级工作实行小队轮换制，该班以小队为单位，定期出黑板报、班级小报，各小队成员各自都有分工。该班根据班级工作需要设科代表以及报刊发行员、图书管理员等，学生在具体的行为情境之中，责任感得到良好培养。

（6）借助多种活动培养学生的责任感。

教师要认识到，学生的责任感不是通过一两件事就能形成的，它需要学生通过长期的实践，逐渐形成一种意识和行为的定势。为了让学生懂得怎样做才是对工作认真负责，就必须对儿童加强行为实践的指导。

案例

贾老师为了培养学生的责任感，组织学生开展了很多活动，并且朝会、班会、队会放手让学生主持，还结合活动进行实践的指导，如在班队活动、朝会上指导学生"怎样做好值日""怎样做好岗位劳动"等。每期板报、班级小报，都由学生来进行自评和互评。若班里出现责任心不强的人和事时，贾老师就组织大家进行讨论、辨析，帮助学生分清是非，提高认识，让他们在行为实践中逐步培养做事认真负责的习惯和态度。

事实证明，要培养学生的责任感，就要引导学生不断练习道德行为规范的正确做法，还要注意对学生重复道德行为的实践指导，由此提升学生对责任感的认识；而且在行为反复训练的过程中，还能使学生形成良好的责任感。

五、维护学生的自尊感

伟大的教育家陶行知先生说过："实现教育化，教师必须树立平等的思想。"这除了强调教师要以平等的态度对待学生，实行民主教育，还强调了教师要注重培养学生的自尊感。

1. 自尊感，不可忽视的非智力因素

在苏霍姆林斯基的教育理论中，自尊感包括学生的乐观精神、自信心、自豪感等多方面的非智力因素。那么，具体来看，自尊感是什么？它对学生的重要性是什么呢？

（1）认识自尊感。

自尊感也称自尊心，是社会评价与个人自尊需要的关系的反映。它不仅是推动学生努力学习的精神力量，而且与学生道德因素也有密切关系。因此，苏霍姆林斯基说："荣誉和自尊感——这是在其上面构筑劳动的道德刺激物的基地。"

（2）自尊感的重要性。

首先，自尊感可以提升尊严，激发上进心。苏霍姆林斯基说："只有教师关心学生的人的尊严感，才能使学生通过学习而受到教育。教育的核心，就其本质来说，就在于让儿童始终体验到自己的尊严感：我是一个勤奋的脑力劳动者，是祖国的好公民，是父母的好儿女，是一个有着高尚的志趣、激情和不断取得进步的完美的人。"由此可见，学生的自尊感，可以提升学生的尊严感，培养其上进心。

其次，自尊感可以促使一个人自我肯定，培养自信心。诚如苏霍姆林斯基所

说："我坚定地相信，儿童在认识周围世界的同时，应当认识自己，应当充满一种深刻的自我肯定的感情。自我肯定是自我教育之母。自尊感是一个人的荣誉感、名誉感、健康的自爱心的最强大的源泉之一。当你走上教育工作这个创造性的岗位时，请记住：你必须教会儿童进行脑力劳动，教会他们思考、观察、理解，从脑力劳动的成果中感觉出自己的精神力量。"

相反，如果教师对学生的荣誉和自尊感不抱敏锐的态度，也就谈不上义务感和纪律教育。苏霍姆林斯基告诉教师们："你要使儿童愿意好好学习，就要使儿童看见和体验到他在学习上的成就，要爱护、培植和发展他身上的劳动自豪感，而不要让儿童由于功课落后而感到一种没有出路的忧伤，感到自己好像低人一等。"

2. 促进学生自尊感形成的方法

自尊感对于人的社会行为起着重要的调节作用，培养与保持人的自尊感，不伤害人的自尊心和不使自尊感向畸形的方向发展，这是教育工作者的重要任务。因此，教师如何维护并促进学生自尊感的提升呢？

（1）在学习的过程中提升学生的自尊感。

苏霍姆林斯基认为："促使儿童学习，激发他的学习兴趣，使他刻苦顽强地用功学习的最强大的力量，是对自己的信心和自尊感。当儿童心里有这股力量的时候，你就是教育的能手，你就会受到儿童的敬重。而一旦这种不能以任何东西相比拟的精神力量的火花熄灭之时，你就变得无能为力了，即使有影响儿童心灵的最英明、最精细的手段，它们都会成为死的东西。"为此，教师在教学过程中要做好以下工作。

首先，教师要从低年级开始就使知识、智力成为学生的个性表现。苏霍姆林斯基非常重视小学生在课堂上的个性表现，让每一个学生都对集体的智力生活做出自己的贡献。他说过："怎样才能使学生为了自己好好学习而感到自豪呢？怎样才能使学生从自己取得进步和学到知识中体验到自尊感呢？我坚定地相信：通往这一目标的途径，就在于要使知识、智力的丰富性成为学生个性的自我表现。从低年级起，就应当朝这个方向进行教育工作。我在教低年级学生的时候，力求实施这样一条原则：每一个学生都要对集体的智力生活做出自己的贡献。学生应当感到自己的知识、思想、技能是一种荣誉和尊严。"

为此，教师在教学过程中，要形成一种气氛，使学生感到不学无术、对书籍冷眼旁观是不道德的，要让学生感到自己的知识、思想、技能都能带来荣誉和尊严，知识、智力、生活都应是有道德和尊严的。

其次，教师一定要让学生经常看到自己的进步。苏霍姆林斯基说："在学习中取得成就，——这一点，形象地说，乃是通往儿童心灵中点燃着'想成为一个好人'的火花的那个角落的一条蹊径。教师要爱护这条蹊径和这点火花。""非常重要的是，要让儿童始终看到自己的进步。不要有任何一天使学生花费了力气而看不到成果。"

为此，教师要认识到学生心灵的脆弱无助，其自尊感极易受到伤害，心灵很容易受到摧残。教师一定要精心地保护学生的尊严，尊重学生的人格和个性。教师要及时给予学生以肯定和赞美，批评和教育学生要讲究艺术，因为"只有像监工一样冷酷无情的人，才会通过打不及格分数来惩罚学生。一个学生只要得了两个不及格的分数，就可能会跟自己的命运妥协，觉得自己什么都不行，变得冷漠，毫无怨言，对教师的训斥和讽刺无动于衷"。为此，他忠告教师们说："我的年轻的朋友，我的年轻的朋友，请你像怕火一样避免这样的事情吧！要为这种毫无怨言，默不作声，准备接受任何训斥的学生而感到可怕。这对一个人来说是最可怕的事。当你看到学生性格执拗、爱发脾气的时候应当感到高兴，应当容许学生对你的思想似乎抱着不信任的态度，而让他去检验、去研究吧。"

最后，教师要让学生通过付出艰辛的劳动而体验到成功带来的自尊感。尤其是学生在追求知识的过程中，教师一定要让他感到自己是一个劳动者，通过付出艰辛的劳动，经受住劳动的考验，才能体验到成功的自尊感。为此，苏霍姆林斯基说："追求知识的愿望，是靠儿童的虽不轻松然而快乐的、诱人的、出于自愿劳动所创造的千万条根须夜以继日、不知疲劳的工作来滋养的。然而只有使力量的付出跟儿童的自尊感密不可分的时候，他的劳动才能成为快乐的、诱人的、自愿的劳动。必须使儿童感到自己是一个劳动者，使他为自己的努力所达到的劳动成果而感到自豪。培养自豪感也就意味着在儿童心灵中树立一种要成为思考者的愿望。这是整个教育学中最精细微妙的领域之一。没有由于脑力劳动而激发起来的自豪感，也就没有教学过程中的教育，也就谈不上教学与教育的统一。"

教师要让学生始终感到自己有一种对知识的渴求，使学习愿望成为他们并不轻松的脑力劳动的主要动力。只有在脑力劳动对学生的能力进行一定的考验的情况下，才能培养学生具有一个"思考的劳动者"的自尊感。学生胜利地经受了这种考验，怀着自豪而欢乐的心情回顾走过的道路，就能够对自己说："这是我找到的，这是我发现的。"

（2）在集体活动中保护学生的自尊感。

陶行知先生说："在学习生活中，学生还没有形成稳定成熟的个性品质，自尊心对他们来说还只是一株嫩芽，教师一时不慎、粗暴训斥、处理不当、判断错误，甚至某种疏远和冷落，都会损伤其自尊心。学生只有树立了自尊心，才会自求上进，才会注意自己在班集体中的形象，热爱集体，为集体建设出力。"为此，教师要注意在集体活动中保护学生的自尊。

故事

从一年级起，我们就跟孩子们搞一本集体创作的图画册，给它取名为《朝霞》。我们已经形成一种习惯：在春、秋两季，大家起床很早，在霞光初露的时候，就出发到树林里、湖岸边去迎接日出。我们把图画纸分给每人1张（愿意要两三张也可以），对他们说："把你在大自然中最喜爱的东西画下来吧，并且在图画下面写一个句子，字数不要多，但是听起来一定要像歌儿那么美。"当然，每一个孩子都想画出和写出最好的东西。好看的图画，美丽的词语——每一个人都把这当成自己的光荣。这本图画册直到现在还保存在我手头。在二年级，我们利用冬季的傍晚自编故事和童话。每一个孩子都讲点什么，或者讲自己经历过的事，或者讲自己的幻想，甚至讲自己虚构的东西。学生们对这种创作活动的兴趣之大，真是难以形容：每一个人都感到善于思考和讲述有一种道德的尊严。

这样年复一年地进行智力的、精神的财富的交流，逐步加强了学生之间的关系。到了小学三四年级，我们开始举办"读书晚会"：孩子们讲述自己读过的书籍的内容，朗读书籍、背诵诗歌和散文中的片段等。这是一种智慧和技巧的独特的竞赛活动。

从五年级开始，我的学生成为学前儿童和一二年级小同学们的积极的智力教育者。12名五年级学生指导着好几个小型的诗歌创作小组。每个小组里有5～7个小同学，五年级学生指导他们编写关于自然界的小作文，给小朋友们读自己写的作文和短诗。这种做法确立了这些五年级学生的自尊感。

在六七年级，有几个学生当了一二年级"少年数学家小组"的辅导员。孩子们解答和自编"动脑筋"应用题。在五至八年级的整个教学期间，学生们还担任了几个外语学习小组的辅导员：一二年级学生跟着他们讲法语和读法语。在七至十年级，每一个学生都在"科技晚会"上做介绍或做报告。我们的每一个少年都认为，尽最大努力把介绍或报告准备得更好些，是一件光荣的事。

这是苏霍姆林斯基在集体活动中培养学生自尊感的方法。在最初的看日出、画内容、写诗句、编画册活动中，学生在集体的熔炉中交流思想、碰撞智慧火花，体现自我价值。这项创作成为师生最大的智力财富。随着年级的升高，集体智力活动内容的难度、范围逐渐提高、扩大，而学生在集体智力活动开展的过程中，进行思想交流，体会到自己在集体中的价值，学会与他人交往，于是提升了他们的自尊感。

总之，苏霍姆林斯基告诉我们，自尊感和荣誉感好比是个性的精神核心，是要人在自己的劳动成果中发现了自己——发现了自己的技能和创造性以后才能获得的。因此，教师要在教学和其他活动中引导学生依靠自己的努力完成任务，进而体验到一种欢乐的感觉，并使之成为自尊感的源泉，在学生的心灵中激发出新的思考的能源。

六、培养学生良好的行为习惯

叶圣陶先生曾经指出："简单地说，教育就是要养成习惯。"同样，我国古代早就有"少年若天性，习惯成自然"的说法。其实，一切教育都可归结为养成学生的良好习惯。那么何为习惯？良好的习惯对人有着怎样的影响呢？

1. 好习惯影响学生一生

习惯是指积久形成的生活方式。从形成过程和表现形式来看，习惯和技能有类似之处，都是通过练习或重复形成的活动方式。技能属于广义的智能范畴，习惯则属于人的个性品格范畴。习惯与意志有密切联系，特别是在纠正旧习惯和形成新习惯的过程中，始终要有意志的作用。

（1）习惯的范围。

习惯是一种动作、一种行为，多次重复，就能进入人的潜意识，变成习惯性动作。作为一种由于重复或练习而巩固下来的并变成需要的行动方式，习惯一经养成就会成为支配人的一生的一种力量，成了行为的自动化；一个人不需要特别的意志力，不需要他人的监控，不论在什么情况下均会按已形成的意志去行动。每个人都有习惯，习惯的范围很广，可以划分为不同的种类，如学习习惯、运动习惯、消费习惯、生活习惯、道德行为习惯、为人处世习惯等。

（2）良好行为习惯的影响。

习惯是一种顽强而巨大的力量，它可以主宰人的一生，对人极为重要。叶圣陶先生说："好习惯养成了，一辈子受用；坏习惯养成了，一辈子吃它的亏，想改也不容易。"习惯伴随着人的一生，影响着一个人的生活方式和成长的道路。

关于习惯、性格与命运的研究表明，习惯决定性格，习惯连通命运。在现实生活中，相当多的人仅仅因为自己的一个不良习惯而失败；也有相当多的人仅仅因为一个好的习惯而获得成功。

案例

苏联的加加林是人类历史上进入太空的第一人。当年，正是他乘坐着"东方"号宇宙飞船在太空中潇洒地遨游了108分钟，从而打破了人类不能进入太空的历史，创造了人类历史上划时代的神话。几乎很少有人知道，加加林之所以能在当时参与竞争的20多位航天员中脱颖而出，成为太空第一人，起决定因素的就是他的一个小小的习惯性动作。当时，在首位航天员人选确定前一周，宇宙飞船的主设计师罗廖夫发现，在进入飞船前，加加林是唯一一个脱下鞋子只穿袜子的人。于是他毅然选定了加加林。

有人或许会认为脱鞋不过是一桩小事。脱鞋的确是一件微不足道的小事，但相比其他人习惯性的不脱鞋，加加林的习惯性脱鞋就是一个良好的习惯。这个习惯造就了他最终的成功。这正是习惯决定命运的证明，也体现出良好行为习惯的作用。

2. 习惯养成，教育的本质

人们常说，教师是人类灵魂的工程师，教师是培育祖国花朵的园丁，等等。这些表述都很准确，也很形象。那么，教师这种职业的最终目的究竟是什么，意义何在？叶圣陶先生在写给在山东惠民师范学校当教员的江亦多的信中给出了答案："我想教师工作的最终目的，无非是培养学生具有各种良好的社会习惯。诸如热爱国家、关心他人的习惯，礼貌诚笃的习惯，虚心自强的习惯，阅读书写的习惯，勤劳操作的习惯，求实研究的习惯等。"可以说，这一答案道出了教育的本质、教师工作的本质。

故事

1972 年 3 月 22 日，叶圣陶在给江苏常州清潭中学教员李业文的信中又说："依我想，从小学老师到大学教授，他们的任务就是帮助学生养成良好习惯，帮助学生养成政治方面、文化科学方面的良好习惯。而教师要完成这个重大任务，自己就得继续不断地养成这些良好习惯。"

1973 年 3 月 19 日，叶圣陶在给李业文的信中再次强调："当语文教师要帮助学生养成认真（不是马马虎虎、粗枝大叶）看书读书的好习惯。写东西也一样，不论写个纸条，写封信，写一篇墙报的文章，都要正确、老实、实事求是，不瞎说，不乱说，不糊里糊涂地说。看书读书写东西都是要干一辈子的事儿，养成了好习惯，不仅是个人的益处，对于社会生活和各项工作也大有益处。假如不养成好习惯，那就反过来，对个人、社会、工作总有或大或小的害处。"

这就提醒我们，教师工作非同小可，其工作的根本目的并不在于传授某种知识和技能，也不在于追求升学率，而在于培养学生良好的行为习惯。其实，一个人对社会贡献的大小往往不在于他的学历有多高、本领有多大，而在于他是否具有适应社会并且改造社会的良好行为习惯。

可以说，叶圣陶先生以上所指出的这些习惯，恰恰是成为一个合格公民的必要条件。它们让我们在片面追求升学率的负面影响下，冷静思考教育的本质，放眼于学生优秀品德的培养、良好习惯的养成，避免培养出智商很高却被视为"精致的利己主义者"，持有各种各样的证书却不懂得基本的人情世故的学生的后果。

3. 学学大师注重对学生好习惯的培养

叶圣陶先生说："教师工作，非同小可，其工作的根本目的，并不在于传授某种知识和技能，也不在于追求升学率，而是培养学生良好的行为习惯。""养成习惯，换个说法，就是教育。"由此可见，养成习惯和接受教育，是异曲同工的一件事。为此，教师可以从以下几方面入手，向大师学习，培养学生良好的行为习惯。

（1）像苏霍姆林斯基一样培养学生的习惯。

苏霍姆林斯基和叶圣陶先生都相当重视学生习惯的养成，苏霍姆林斯基分别从学习习惯与行为习惯两方面提出了培养的方法和建议，这些观点无疑对我们指导学生良好习惯的培养乃至成人学习习惯的养成都具有很强的借鉴意义。下面我们一起来看一看大师的建议。

苏霍姆林斯基认为教育的重要任务之一是逐渐地养成儿童从事紧张的创造性脑力劳动的习惯；又说，只有使学生养成专心致志的习惯，脑力劳动才能成为他们喜爱的事情。学生应当学会在某一特定的时刻摆脱周围一切事物的影响，以便集中精力去达到教师或自己所提出的目标。习惯的培养，就是从自己向自己提出目标、集中智慧的努力、思考和理解以及进行自我监督开始的。这种教育应从小学开始。因此，教师要注重培养学生良好的学习习惯。如何培养呢？大师们从自己的教育实践中给我们以下建议。

一是要在问题的探究和研究中培养良好的学习习惯。苏霍姆林斯基认为要培养学生良好的学习习惯，就要使学生努力开动脑筋，深入地钻到事物、事实、现象的各种各样复杂而微妙的关系、细节和矛盾中去。无论如何不要让学生感到一切都轻而易举，不知道什么叫困难。他说："如果儿童在学习中感到一切都很容易，那么渐渐地就会养成懒于思考的习惯，这会使人堕入歧途，使他形成一种对待生活的轻浮态度。"

二是培养学生学习习惯要考虑其年龄特点。这是因为不同学龄段学生的体力、精力和接受能力不同，其习惯的接受和养成过程也不同。因此，教师必须在培养学生的学习习惯前，充分考虑学生的年龄和学习背景。

对于学龄初期儿童，苏霍姆林斯基认为，培养学习习惯要注意循序渐进，要讲究方法。一是对于刚入学的儿童，倘若要进行培养其长时间集中精力学习的习惯的训练，则要循序渐进，如果一开始就强制性地要求儿童长时间地坐在教室里学习，会损害学生的健康；二是要注意学习形式的多样化，以消除学生的疲劳，避免课堂气氛过于紧张，这方面可以充分利用学生的无意注意；三是要注意引导学生到自然界中去活动，在多方面的活动中运用知识和技能，从而使其精力得到补充，使学习成为对他们来讲有趣的、引人入胜的事情。

对于高年级的学生，苏霍姆林斯基则提出养成良好学习习惯问题的 15 条建议。其主要内容为：要坚持每天读书，每天都要用智力财富来丰富自己；要学会听课，对教师重要课题的演讲要用提纲的形式记下来；要科学地支配时间，在早晨进行最复杂的创造性的脑力劳动，根据事情的主次安排时间，不要在无谓的小事上浪费时间；要学会自制，抵制外界的诱惑，克服自己的不良习惯；要学会给自己创造内在的刺激；要养成随时记笔记的习惯；对每项工作找出最合理的脑力劳动方法，数学思维和艺术思维交替进行；严格地挑选阅读的书籍和杂志，善于规定自己的阅读范围；当天的事当天做完，把明天要做的工作的一部分提前到今天做；任何时候都不要使脑力劳动间断。

对于学生的其他行为习惯，苏霍姆林斯基提出借助集体活动的愉悦培养学生良好的习惯。他认为，习惯是劳动和集体中相互关系重要影响的结果。因此，他提出借助于集体活动的愉悦来培养学生良好的学习习惯。他说："良好习惯首先涉及劳动和集体中的相互关系。我们把良好习惯的形成同情操、情感生活联系起来。我们组织儿童的生活和劳动，只要让确立良好习惯所需要的活动能唤起和加深他们乐观愉快的情感，能在他们的心灵上留下某种愉快的痕迹，把天天重复的劳动变成精神需求。也只有当人感觉到、体验到这种需求时，他自身的意志力才会成为自我教育这个巩固良好习惯的最重要因素的源泉。变为学生习惯的日常劳动活动越多，他们新的道德品质的进一步发展以及新的兴趣、要求和需要的形成的前景就越广阔。这样一来，教育者面前便展现出发挥每个受教育者个人才能和天赋的无限可能性。"

（2）像叶圣陶先生一样从"小"、从"早"抓好学生的行为习惯培养。

叶圣陶先生认为，养成好习惯要从"早"抓起，从"小"抓起。从"早"抓起，就是强调要抓"开端"，抓起始的第一步。叶圣陶先生说："大凡一辈子需用的事最需养成好习惯。在习惯没有养成之前，取个正当适宜的开端，集中心力，勉强而行之。渐渐地不大觉着勉强了，渐渐地习惯成自然，可以行所无事了。这就是好习惯已经养成，足够一辈子受用。如果开端不怎么正当适宜，到后来就成了坏习惯。"所谓从"小"抓起，就是强调要从细微的一言一行、一举一动上注意养成好习惯，这样，才能在对待大事、处理大局上也处处正当适宜。诚如他在抗战期间论述"革自己的命"的必要性时所说："说到养成行为习惯，必须在最微细最平常的场合入手，积渐功深，遇到不微细不平常的场合也自然而然能够为公。公家的信封信笺硬是不写私信，买什么票上什么车硬是遵守秩序，这些事似乎无关大体，但是成了习惯之后，就可以保证自己不至于贪污，不至于侵犯他人的自由。"因此，教师在培养在校学生的学习习惯时，要注意从细小的事上逐渐培养。

案例

肖老师为了培养学生良好的行为习惯，在班级管理中渗透了传统的"礼治思想"的教育。"博学于文，约之以礼。"她深知，班主任的角色并非执法者，对学生不能进行行政处罚，而是要在教育中以德育工作为主。因此，她从一接手班主任工作就通过教育学生，帮助他们形成一种良好的习惯。她对学生进行文明礼貌的教育，从见到教师要问好做起，对学生进行传统美德的渗透，并从一些成功人士的人生经验谈起，阐明细节的重要性。细节见精神，细节成就人生，"勿以善小而不为，勿以恶小而为之"，要引导学生养成良好的习惯，使他们控制自己不良的行为习惯，帮助他们巩固和发展社会所需要的良好品德。

可以说，案例中的肖老师，学习叶圣陶先生的教育思想，对学生的习惯养成从"小"、从"早"抓起。事实上，叶圣陶先生强调教育的根本目标在养成够格的社会成员和国家公民，而且尤其强调"养成"的关键就是要努力培养各种各样良好的习惯；简言之，就是要逐步养成各种各样做人的好习惯。除此之外，叶圣陶先生还指出，在培养学生良好行为习惯时还要注意以下两点。

一是要注意培养学生习惯成自然的能力。叶圣陶先生要求受教育者个个成为真知真能的人。这一"真能"的标志就是要习惯成自然。叶圣陶先生说："无论哪一种能力，要达到了习惯成自然的地步，才算我们有了那种能力。不达到习惯成自然的地步，勉勉强强地做一做，那就算不得我们有了那种能力。""习惯养成得越多，那个人的能力越强。我们做人做事，需要种种的能力，所以最要紧的是养成种种的习惯。"从这个意义上来理解，叶圣陶先生确信：教育的本旨就在于使学生养成良好的习惯，并且终身一以贯之。

二是要坚决杜绝个人至上主义的坏习惯。习惯，是一种持久而稳定的行动方式。习惯有好的，也有坏的。好的习惯养成了，终身受益；坏的习惯养成了，终身受累，甚至还会殃及旁人、贻害社会。叶圣陶先生认为，在说不尽的众多习惯中，有两种习惯万万不可养成：一是不养成什么习惯的习惯，二是妨害他人的习惯。所谓"不养成什么习惯的习惯"，就是对待任何事情都随随便便，想怎样就怎样，不立任何规矩，也根本不想立什么规矩，一切随心所欲。这样的想法和做法形成习惯，于是一切真正好的习惯都无法养成。"够格"的要求就在于严于律己，求其"入格"；一切都无所谓的人，是永远达不到这个要求的。所以，从实质上看，"不养成什么习惯的习惯"就是一种不愿接受任何教育的习惯。所谓"妨害他人的习惯"，小而言之如随地吐痰、大声喧哗；大而言之如侵吞公物、侵略别国。这些都是以个人至上主义为核心的有害行为。一切为非作歹的人，其起始的一步就在"妨害他人"。

专题三

师识：引导学生找到为学之路

　　苏霍姆林斯基说："学生的智力生活的一般境界和性质，在很大程度上，取决于教师的精神修养和兴趣；取决于他的知识渊博和眼界开阔的程度；取决于书籍在教师本人的精神生活中占有何种地位。"由此可见，要想教好学生，教师的综合素质是多么重要。

一、学而不厌，教学相长

陶行知先生说："要人敬的，必先自敬，重师首先师自重。"教师是先进科学文化传播的使者，因此，教师要承担起教师这一职责，首先就要让自己做一个文化人，以一种积极向上的时代精神去感召下一代。为此，教师要在教中学、学中教，做到学而不厌、教学相长，不断提升自己。

1. 终身学习："学而不厌"的本质

孔子在《论语·述而》中指出："默而识之，学而不厌，诲人不倦，何有于我哉！"这句话道出了为人师者的一种苦学不已、精进不止的从教态度。所谓"学而不厌"，实际上就是指教师要树立终身学习的理念，要以谦虚的态度，活到老，学到老，在教学中与学生教学相长。

（1）终身学习的作用。

教育家马卡连柯说："学生可以原谅老师的严厉、刻板，甚至吹毛求疵，但不能原谅老师的不学无术。"可见，拥有扎实的专业功底对教师站稳讲台是多么的重要啊！过去常说："要给学生一杯水，自己就要有一桶水。"如今，时代发展了，社会进步了，"一桶水"已远远不能激起受到信息浪潮冲击的学生的兴趣。因此，一位好的教师不仅要掌握本学科的基础理论和专业知识，还须具备多方面的知识和技能。如此才能真正地掌握教材，才能在课堂上真正地吸引学生，成为一个有魅力的教师。这恰好说明了教师终身学习的重要性。终身学习，要求教师活到老、学到老，精学不辍。这是因为：

首先，终身学习能使教师永葆活力，更有魅力。教师只有通过坚持不懈地学习来扩展知识领域，才能为提高教学能力打下基础。"学高为师，身正为范"，作为一名教师，不但要有崇高的师德，还要有深厚而扎实的专业知识。在知识更新异常迅速的今天，如果只满足于目前所拥有的知识，那早晚要被社会所淘汰。只有树立终身学习的思想，不断充实自己，拓宽知识视野，才能在学生心目中树立起较高的威信。在日新月异的当今社会，学生的认知水平随着时代的发展而有了更高的起点。在这种形势下，教师只有通过持续学习来提高自己的专业知识和教学能力，对自己所教的学科有足够的把握，才能改进教学效果，满足学生的求知欲。

其次，终身学习是消除职业倦怠，得到职业幸福的最佳途径。古希腊哲学家柏拉图在《理想国》中提到了终身学习的教育观点，日本学者佐藤一斋说过"少儿学则壮而有为，壮而学则老而不衰，老而学则死而不朽"。当前，面对教师频繁出现的职业倦怠问题，教师要寻求自己的职业新鲜感和职业激情，就得学习。终身学习，可以让教师开阔眼界，发现自身的不足，从而不囿于一己之偏见，吸纳先进的教育教学理念、经验和方法，提升自己的素质，进而提升对学生的态度和教学积极性，消除职业倦怠，获得成长的动力。

最后，终身学习能使教师不断审视自己的灵魂，跟得上时代发展的步伐，使自己的专业技能知识符合时代的要求，教育的眼光放眼于人类教育发展的需求。在学习的过程中，教师可以学习教育教学专业理论，了解国内外教育教学改革的先进经验和做法，不断优化自己的知识结构、文化素养，建构新的知识和教育理念，努力使自己成为自主成长型的教师、自觉的教育实践者，从而满足学生成长的需要，跟上历史和时代的脚步，达到教学相长的目的。

（2）教学相长的意义。

作为伟大的教育家孔子以自己为实例，践行着教学相长、师生共济的理念。他提出"学无常师""三人行必有我师"，成为与他人合作学习的典范。近代教育家陶行知说："先生创造学生，学生也创造先生，学生先生合作而创作出值得崇拜之活人。"这些均道出了教学相长的重要意义。

那么何为教学相长呢？孔子在《礼记·学记》中提出："学然后知不足，教然后知困。知不足，然后能自反也；知困，然后能自强也。故曰：教学相长也。"
其含义是，学生通过学习知道自己的不足，教师通过教学感觉到自己的欠缺，于
是边教边学，共同提高。学生向老师学习，获得知识，提高能力；老师也要在教
的过程中完善自己，提升智慧，不断前行。可以说，它将教师的教与学生的学相
互影响、相互促进、共同提高的教育双赢效益相当精练地概括出来。那么，教学
相长有着怎样的意义呢？

首先，教学相长有利于建立民主、和谐的师生关系。教师倘若能认识到教学
相长的意义，放下架子，不搞"一言堂"，不搞"满堂灌"，那么就可以真正发
挥教学过程中教师主导、学生主体的作用。如此一来，教师就成为课堂上学生学
习的启发者、指导者和合作者，学生成为教学的积极参与者、促进者。在教学互
动中，学生亲其师、信其道、爱其学，教师尊重、关心和信任学生，允许学生出
错和质疑，形成民主和谐的教学氛围。学生在教师的引导下无拘无束地展开想
象，在思想的原野上纵横驰骋；学优者思维更活跃，学困者思维被激活。

其次，教学相长能促进教学的创新。现代社会需要创新型人才，教学应从教
师"为应试而教"和学生"为应试而学"向培养学生创新精神和创新能力转变，
倡导师生互为主体。为此，教学必须以学生的发展为本，从学生与社会发展的需
要出发，以促使学生积极主动地学习。教师要尊重学生的认知水平，从学生已有
的经验出发，让学生在熟悉的生活情景中感受学习的重要性。为此，教师就需要
在教育活动过程中不断成长，虚心向周围的人乃至学生学习，以此来完善自己；
在教学中注意发挥学生的主体作用，让学生成为教育这块阵地的主人，从而进行
真正的教育。在教学过程中，教师要不断创新，以适应学生不断进步的需要。

最后，教学相长促进教师的自我成长。陶行知先生说："真正的教育必须培
养讲道德、能思考、会创造的人。"当教师以人的发展为教育的出发点和归宿时，
在教育教学过程中，就会将人的因素放在第一位来考虑，把学生的发展作为首要
目标来追求。如此一来，教师就会主动从学生发展的角度提高自己，意识到自己
各方面的不足，因而潜心学习，努力提高素养。学生是具有旺盛生命力的，走在
时代前沿的鲜活的群体。教师只有走近他们，了解认识他们的思想、情感和个

性，才能从本质上认识学生，从学生身上了解时代的讯息，领悟到学生真正的需要。在教学过程中，教学的一切活动必须以强调学生主动性、积极性为出发点，引导学生主动探索，积极思索，自主实践，生动活泼地发展。教师在课堂教学活动中应充分体现教中有学、学中有教，教与学相互作用；在教育活动中，引导学生自觉地、主动地、积极地参与其中，把它作为自己的发展方式，自主地、生动活泼地发展自我，成为教育的主体、发展的主体。这样一来，教师就可以完善自己，得到学生的尊敬、信任和爱戴，使自己具有强大的教育感召力。

2. 大师告诉我们终身学习的渠道和方法

陶行知先生认为，"好的先生""必是一方面指导学生，一方面研究学问。这不但是教诲丰富，学生能多得些益处，而且时常有新的材料发表，也是做先生的一件畅快事体"。这句话道出了教师要终身学习的本质。那么，教师要终身学习，学什么呢？陶行知先生说："我们要跟小孩子学习，不愿向小孩子学习的人，不配做小孩的先生。一个人不懂小孩的心理、小孩的问题、小孩的困难、小孩的愿望、小孩的脾气，如何能教小孩？如何能知道小孩的力量，而让他们发挥出小小的创造力？""要想做教师的人把岗位站得长久，必须使他们有机会一面教，一面学；教到老，学到老。一位进步的教师，一定是越教越要学，越学越快乐。"

（1）学习的渠道。

陶行知先生从生活教育理论出发，把学习的渠道大大地拓宽了，主张"宇宙为学校，自然是吾师，众生皆同学，书呆不在前"，"以社会做学校，奉万物做宗师"。陶行知先生提倡"生活是教育的中心""一切生活都是课程"，过什么生活便受什么教育，进行什么学习，脱离生活就谈不上学习。事情怎样做就怎样学，怎样学就怎样教，教的法子根据学的法子，学的法子根据做的法子。学生以学为中心，在改造自然、改造社会的斗争生活中接受教育，进行学习，以求得知识，获得本领，发展智慧、情感、意志和个性。教师的生活就是学习的生活，教师的学习可以是基于案例的情境学习，可以是基于问题的行动学习，可以是基于群体的合作学习，可以是基于原创的研究学习，可以是基于经验的反思学习。教师生活随处是学习之所，随时是学习之时。

社会是无形的大学，陶行知先生主张："以青天为顶，大地为底，二十八宿为围墙。人人可以作为我们的先生，人人可以做我们的同学，人人可以做我们的学生，随手抓来都是活书，都是学问，都是本领。""出世便是破蒙，进棺材便是毕业，活到老，学到老。"这种提法对教师树立终身教育理念非常重要。

当然，陶行知先生强调教师在生活中学习，在社会中学习，并不是说教师不用读书了，而是要求教师读活的、真的、动的、有用的书。对这样的书，陶行知先生提出了三条标准。一是看它有没有引导人动作的力量，看它有没有引导人做出一个动作又做出另一个动作的力量。二是看它有没有引导人思想的力量，看它有没有引导人想了又想的力量。三是看它有没有引导人产生新价值的力量。这里既道出了好书的标准，也指出了读书应达到的要求。如果读了好书，又能做到不断"动作"，不断"思想"，不断"产生新价值"，就能做到手脑双全。

（2）学习的方法。

在学习上，陶行知先生特别重视学习的方法。他说，"学问怎么样能够进步，重要在有方法研究"，"活学活用要有科学方法"。

第一，提出了"五路探讨"的方法，"五路"即体验、看书、求师、访友、思考。陶行知先生在这里强调，在行动中，在实践中，通过实际体验进行学习，通过看书、求师、访友，多方获得知识；同时要认真思考，在思考中获得新的知识，产生新的价值。陶行知先生还提出学问增进的方法有两种：一是各有应读之书必须读，二是各有应联之专家同志必须联。还说"个人学习不如集体学习，偶尔学习不如经常学习"。为经常进行学习，学习者最好是联合起来，组织起来。这些都是讲学习的途径，即要脑、手、嘴、眼各种感官都动起来，通过各种渠道进行学习，将读书与实践、思考结合起来，个人自学与集体学习、求师访友结合起来。

第二，强调"每事问"。在这方面，陶行知先生反复强调，可以说是苦口婆心。对于每事问的重要性，他说："发明千千万，起点是一问，禽兽不如人，过在不会问。智者问得巧，愚者问得笨。人力胜天工，只在每事问。"他强调虚心地多多去问："问古问今问未来，问天问人问万物。"他说，每事都要问清楚——"何地，何事，何故，何人，何如，何时，何法，几何"，指出要沿着科学的生活过程去问，即："行动生困难，困难生疑问；疑问生假设，假设生实验；实验生断论，断论又生行动。如此演进于无穷"，对任何一个问题"一问便须问到底"。

第三，以教人者教己。这是陶行知先生提出的一条很重要的学理。因为"为学而学不如为教而学之亲切。为教而学必须设身处地，努力使人明白，既然要使人明白，自己便自然而然地格外明白了"。如此便实现了教学相长。

第四，要处理好博与专的关系。陶行知先生提倡"要学得专，也要学得博"，尤其强调要学得专。他劝诫大家"莫跟鼹鼠学五技，凿井越深口越大，博学首要在好一"。他希望有能力研究的先生和学生，择定一个题目从事研究，即使一个很小的问题，也可以研究出很深刻、很渊博的大道理来；对于一个问题认定了，便要尽力向里钻，钻出一个大道理来。这样，于人于己都可以得到切实的益处，而且可能有大的贡献。

3. 大师强调教学相长的前提

陶行知先生在谈到教师学习的时候，总是同时想到如何通过教师的学带动、影响学生的学。他说："好学是感染的，一人好学，可以感染很多人好学。就地位论，好学的教师最为重要。要想有好学的学生，须有好学的先生。换句话说，要想学生好学，必须先生好学。唯有学而不厌的先生，才能教出学而不厌的学生。"这其实就是教学相长的内容。

（1）要努力跑到学生的前面，为学生创造一种良好的学习氛围。陶行知先生谆谆提醒教师必须力求长进，不要做年年爬起来卖旧货的教育界败类，不能懒惰，不能放松，一定要自己努力跑在学生前头引导学生，这是教师应有的责任。师道之可敬在此也。为此，教师必须为学生创造一种良好的气氛。

（2）要全面地看学生，不轻易给学生贴"标签"。作为教师，不要做"糊涂先生"，切莫轻易断定学生的品格，所谓"庸""笨"，所谓"调皮""坏蛋"，这样的学生未必就没有出息。要运用民主的方法教育学生，多给他们一些自由的空气呼吸，多给他们一些自由支配的时间和空间；解放孩子，把学习的基本自由交给他们。陶行知先生非常殷切地告诫人们，只要先生们少骂几句"坏蛋"，社会、家庭、政府多给一些自由的空气，少用一些强制手段，那么爱迪生他们便会如雨后春笋一发不可遏了。如果真能出现这种局面，学生一定能学得更加主动、更加生动活泼、更加有成效。

二、积累广博的知识

教育家苏霍姆林斯基说："学生的智力生活的一般境界和性质，在很大程度上取决于教师的精神修养和兴趣，取决于他的知识渊博和眼界广阔的程度，还取决于教师到学生这里来的时候带来了多少东西，教给学生多少东西，以及他还剩下多少东西。对一个教师来说，最大的危险就是自己在智力上的空虚，没有精神财富的储备。"教育先贤和大家提醒我们，教师要做好学生的引路人，担负好教书育人的责任，还要注意积累广博的知识。诚如陶行知先生所说："一个不长进的人是不配教人，不能教人，也不高兴教人的。'后生可畏'不是一句客气话，而是一位教师受了大众的蓬蓬勃勃的长进的压迫之后，对于自己及一切教师所提出的警告。只有不断地追求真理才能免掉这样的恐怖。"

1. 积累广博的知识，教师长流活水之源

苏霍姆林斯基说："教师进行劳动和创造的时间好比一条大河，要靠许多小的溪流来滋养它。"这就要求教师要不断学习，积累广博的知识。如此一来，教师有了丰富的知识积淀，才能厚积薄发，才能具有长流活水。具体来说，教师积累广博知识的意义何在呢？

（1）获得学生的崇敬，成为学生的楷模。

做学生喜爱的教师是每个教育工作者最高的追求。其中，知识渊博的教师最受学生欢迎。而要成为知识渊博的教师，就要积累广博的知识。

陶行知先生认为，要想学生学好，必须先生先学。唯有学而不厌的先生，才能教出学而不厌的学生。在他看来，做教师的"必须好学"，必须"力求上进"，不断创新。而作为教师鼻祖的孔子更是以自己的博学、好学而赢得学生的崇敬，成为学生的楷模。史料记载，孔子精通六艺、六经，具备了天象、气象、鸟兽、

草木、社会、历史等方面的知识，是当时一位具备了广博的学识之人。在他的激励、感召下，孔门好学之风盛行。同时，由于积累了广博的知识，孔子毕生对知识的探索和对真理的追求使他在教学过程中游刃有余，面对学生的提问对答如流，令学生满意。

可以说，孔子的理论告诉我们，教师不仅要具有宽广的知识面、纵横交错的知识结构，而且需要终身不辍的求学精神。教师只有在平时不断学习、汲取新的知识，才能真正做到一专多能，像孔子一样既当专家又当杂家，真正成为学生前进路上的向导。

（2）与时俱进，应对职业倦怠。

随着科学技术的发展，学科与学科之间不断渗透，新的科研领域层出不穷。教师只有掌握各自学科发展的新方向，获取最前沿的知识，并将其传递给学生，将来转化成生产力，才能促进我国经济的高速运转。教师要在教学过程中能利用现代化的教学手段和方法向学生传递前沿的科学知识，同时又善于调动学生的学习积极性；在实践方面，要注意学生实践能力的培养，同时又要让他们积极走向企业参与社会调研。这就决定了教师只有积累广博的知识，才能与时俱进。

同时，教师积累广博的知识，也可以应对时时出现的职业倦怠。关于此点，陶行知先生给出了明确的建议。他认为，"唯其学而不厌，诲人不倦。如果天天卖旧货，索然无味，要想教师生活不感到疲倦是很困难的"。因此，教师必须天天学习，天天进行再教育，如此才能常教常新，进而有教学之乐而无教学之苦。针对教师中存在的职业倦怠情况，陶行知先生指出，造成这种现象的原因是缺乏持续的学习。他指出："有些人做了几年教师便有倦意，原因固然很多，但主要的还是因为不好学，天天开留声机，唱旧片子，所以难免觉得疲倦起来。唯独学而不厌的人，才可以诲人不倦。要想做教师的人把岗位站得长久，必须使他们有机会一面教一面学，教到老，学到老。当然，一位进步的教师，一定是越教越要学，越学越快乐。"

（3）可以培养创造意识。

陶行知先生认为，一个好教师应该不断追求新知，而且应该不拘泥于传统，勇于创造革新。他说"第一流的教育家"要"敢探未知的真理"，具有创造革新的品德。他特别重视教师的"创造"与"革新"，认为教师是改造生活的灵魂，"教师的成功是创造出值得自己崇拜的人"，"创造出值得自己崇拜之创造理论和创造技术"。他说，"创造出值得自己崇拜的学生"，这乃是"先生之最大快乐"。他认为创造是学习的目的，他曾勉励育才学校的师生要"为科学创造而学习"。在他看来，教师要敢于"通过自己的实验、发明创造新学理"，只有这样才能"民气张，国魂振"，因循守旧是不会使教育事业兴旺发达的。为此，陶行知先生极力提倡教师要有创造意识，指出"行动是老子，知识是儿子，创造是孙子"。"敢探未发明的新理，即是创造精神；敢入未开化的边疆，即是开辟精神。创造时，目光要深；开辟时，目光要远。总起来说，创造开辟都要有胆量。在教育界有胆量创造的人即是创造的教育家，有胆量开辟的人即是开辟的教育家，都是第一流的人物。"

实际上，创新是一个民族进步的灵魂。一个民族要发展，要前进，就必须敢于走新路，走有自己特色的道路。这就需要培养一批不惧权威、勇于开拓、富有创造性的人才。为此，承担着人才培养任务的教师就一定要具备创造精神和创新意识。如此一来，教师才能用自己的思想、自身的行动潜移默化地影响学生，更好地培养学生的创造力。

在他看来，教师要积累广博的知识，努力学习，一为博爱而学习，二为独立而学习，三为民主而学习，四为科学创造而学习。他说，"先生不应该专教学，他的责任是教人做人"，"教师的职责是千教万教教人求真，学生的职责是千学万学学做真人"。陶行知先生的这一教育思想符合当今时代的要求，教学对象的不确定性、教育环境的复杂性，均使教师职业成为最需要有创造性的职业，因此教师要使自己的课堂成为智慧的生发地、思维的运动场，在解放学生的同时，也使自身获得解放，从而畅享教师职业带来的幸福和尊严，那就要积累广博的知识。

2. 像大师那样积累广博的知识

广博的知识之于教师是如此重要。一名教师从做教师之日起到称职、成熟、优秀的成长过程，就是一个不断学习、实践、积累、创造的过程，在这个过程中，积累非常重要，它是教师成长的源泉，是教师创造的基础。"不积小流无以成江海，不积跬步无以至千里。"没有积累就没有发展，没有积累就没有创造，更谈不上优秀。那么，教师如何在不断的学习过程中，积累广博的知识，使自己成为创造型教师、全能型教师呢？关于这方面，先贤和大师均为我们指明了方向。

(1) 要善于多方面学习，积累各方面的知识。

当一辈子教师，就得学习一辈子。如果谁满足于已有的知识，谁就准备好落伍吧。"要想授人一碗水，自己就得有一桶水。"一个知识储备不足的教师，就是一个缺乏营养、苍白无力的教师，是不受学生尊敬和爱戴的教师。特别是当今，新知识、新信息纷至沓来，令人应接不暇，教师不学习、不积累，就会变得无知，工作起来将会力不从心、捉襟见肘，甚至会贻误学生。教学内容的不确定性和教学方式的自由性、开放性要求教师有机地整合相关学科知识，运用多种教育教学手段实施综合课，有足够的知识适应各种变化。为此，教师要随时充实新知识，加快知识的新陈代谢，使自己的知识与时俱进，从而促进自身成长。因此，善于学习和积累知识是对教师的必然要求。我们不仅要使自己掌握的知识精深，而且要使自己掌握的知识丰富和广博。只有知识渊博的教师才能培育出出类拔萃的学生。为此，教师要不断学习，积累广博的知识。

首先，教师要像孔子那样刻苦学习不辍。孔子在回顾自己一生的求学经历时说："吾十有五而志于学，三十而立，四十而不惑，五十而知天命，六十而耳顺，七十而从心所欲，不逾矩。"可以说，正是凭借持之以恒、至老不衰、刻苦钻研的学习态度，孔子才积累了渊博的知识，才形成了自己独到的见解，被学生称为"圣人"，获得了学生的崇敬和爱戴。因此孔子提出"工欲善其事，必先利其器"的观点，以说明教师要不断提升自己的能力，积累广博的知识。

其次，教师要像陶行知先生告诫的那样，"虚心，虚心，虚心，承认一无所知，一无所能；学习，学习，学习，学到人所不知，人所不能"。只有虚心学习，将"骄"字这一"阻碍我们进步的最大敌人"拔掉，才能获得新的科学知识。

他提倡教师"要虚心跟一切人学：跟先生学，跟大众学，跟小孩学，跟朋友学，也跟敌人学，跟大自然学，跟大社会学"，勉励大家"天天学习，终生学习"，养成好学的习惯，活到老，学到老，进步到老。

最后，要如陶行知先生所告诫的，注意不断更新知识，牢记教师"并不是贩卖知识，就可以终身卖不尽底"。一个教师如果"年年照样画葫芦"，那是十分可怕的一件事。

（2）要善于积累资料。

教师要获得广博的知识，除了积累各方面的知识，还要善于收集、保存在学习、教学、学生管理中的一些资料，这些在日常工作中很有可能派上用场。我们有时因缺乏资料干着急，学习中也因不及时收集，当类似的问题以后出现时亦须付出寻寻觅觅、费时费神费力的劳苦。如平时我们在读书看报、在进行网络阅读时碰到一些与自己专业相关的知识信息资料、生活常识资料、教育理论资料以及教学心得、学生信息等，如果有意收集，勤于收集，科学收集，点滴积累，做到闲时收集忙时用，就不至于"遇事"手忙脚乱，这将会给我们的工作带来很大的方便。

为此，教师要像陶行知先生所说的那样，要有科学的精神，即"我们研究学问要用科学的精神"，"用科学的精神在事业上去求学问"。教师要牢记陶行知先生提出的五个字的基本要求，即一（专一）、集（搜集）、钻（钻进去，求深入）、剖（解剖，分析）、韧（坚韧），最忌玄想、武断、尽信书，以差不多自居，以一家言自封。他指出，一个人能把"一""集""钻""剖""韧"五个字做到了，在做学问上一定会有豁然贯通之日，于己、于人、于社会都有贡献。

（3）要坚忍不拔地积累经验、积累教训。

陶行知先生指出："做学问是一种长期的战斗工作，所以必须有韧性战斗的精神，才能在长期战斗中，战胜许许多多的困难，化除种种障碍，开辟出一条新的道路，走入新的境界。"他指出，做学问不能只是"尝一尝，试一试，就停下手来，那是不会有什么大不了的贡献的"。要真想有所成就，就必须从有计划的苦功做起，并且必须始终不懈地坚持下去："必得天天想，一年到头，一世到老

93

都在这上面下工夫，才能希望有所成就。"而在此过程中，经验和教训是极其宝贵的财富，是教师广博知识的来源。

首先，作为教师，我们在工作中成功的地方很多，有时在课堂教学和学生管理中，灵感忽来，会出现"神来之笔"和"得意之作"。教师倘若对这些创意不加注意，那么这些创意就会稍纵即逝，就不会令我们得到"失败是成功之母"的收获。如果我们可以将其及时记载下来，加以积累，那么就会成为我们的经验，对以后的工作有极大的指导意义。积累得多了，我们还可以从中发现一些规律。因此，教师不妨用写教育日记、教后心得的方式将自己工作中得意的东西、有效的做法、好的方面写下来，以达到反思工作、提炼方法、积累经验的目的，这样可使自己工作得更加轻松，帮助自己把工作做得更好。不善于积累经验的人，永远摸着石头过河，忙忙碌碌，莽莽撞撞，到头来两手空空，没给自己留下一点精神财富，也没能使自己的成功滋生更多的成功，这也是当教师的一大遗憾。

其次，工作中错误和败笔在所难免，犯过一次错误，我们不应"好了伤疤忘了痛"。失败和教训同样是财富，我们不应忘记和回避。"吃一堑，长一智"，我们应把它积累下来，用以警示自我，提醒我们不被同一块石头绊倒两次，不重复错误，少犯其他错误。积累教训就是告诫自己、提醒自己少走弯路。其实，积累教训就是要记住教训，吸取教训，少犯错误，改进工作，不被重复错误所累。可有的人偏不把教训当回事，被同样的大意、同样的失误弄得伤痕累累，这太不应该。

（4）要积累思想和生活经验，它们也是知识的重要来源。

在特定的工作环境中，我们有时会产生一些非常有意义的想法，有时受别人思想的启迪也能产生一些非常有价值的思想。但是这些思想火花虽有意义，在当时却没有条件和机会去实践，往往只是一闪而过。如果不善于积累，在另外的条件下，这些就是打着灯笼也找不回来的想法，造成美好思想的流失。善于积累思想的人也善于思考，善于思考的人能常常产生新思想，这些新思想能指导其工作实践，为其实践插上翅膀。因此，我们教师要随时注意将自己的一些教育教学见解积累下来。积累的过程，其本身就是一个重新思考的过程。不断地积累能催生更成熟、更完善、更合理的教育教学新思想。

同时，随着信息时代的到来，人们的活动范围明显扩大，人们之间的交流交往日渐频繁。一个与世隔绝、远离生活的书呆子型教师显然是迂腐和无用的，将落伍于时代，不适应新课程下的教育教学。新时代的教师不仅要有精深的专业知识，而且要有丰富的生活积累。教师的生活能力、实践能力、交际能力、协调能力、良好习惯、社会适应能力等综合能力都是在生活中培养和积累起来的。生活是一个大课堂，只要留心，处处皆学问。一个知识积累丰富的教师，才是一个知识广博的教师，他的知识及方法才是活的。他体会生活中的酸甜苦辣，懂得生活中的冷暖艰辛，了解生活的艰深复杂以及解决问题的办法，在教育教学岗位上能左右逢源、各种教学方法运用自如，以自己的成熟智慧赢得学生的喜爱。

（5）要善于从积累中有所发现和创造。

知识积累的目的并非为了存放和堆砌一些无意义的东西，像守财奴一样把所有的东西一股脑儿都塞进自己的库房，却一样也不用。教师不能像守财奴那样进行积累，那样会使积累变得毫无意义。积累的目的全在于运用。因此，教师要杜绝自己成为一个盲目的收藏家和守财奴式的保管员，要对学习、工作中取得的经验教训等进行科学的积累、有选择的积累，并随时剔除自己的积累中那些无用的东西，并从有用的东西中进行分析提炼，得到启示，从而产生新思想、新方法，有力地促进工作，达到积累的真正目的。

三、培养专业发展能力

叶圣陶先生认为，中国当代教师首先应对国家和民族、对自己的事业负责，培养一种思想和精神的"自觉"。这种"自觉"，具体体现为教师对自己职业的高度负责、对理想的追求和对满意的体验。其中，能自觉意识到提升专业水平的重要性与必要性，并为提升专业水平表现出极强的积极性与主动性，是这种自觉的重要内容之一。那么，教师的专业发展能力包括哪些？教师应如何提升自己的专业发展能力呢？

1. 教师专业发展能力是教育有效的保证

何为教师专业发展能力？教师专业发展能力是教师组织教育教学活动，对学生施加有目的的影响的主体"行动"能力。这些能力通过教育活动来体现，并保证教育活动有效进行。教师要成为专业型人才，走上研究型教师之路，以先贤大师为榜样，坚定地走好从教之路，就要具备定力、自力、洞察力、研究力和借力。

（1）定力。

所谓定力，是教师把握自我、规范行为的笃定刚毅的意志力量，是人生的智慧和精神品质，是构成教师综合素质不可缺少的能力，是教师专业发展的前提条件。古往今来，大凡能成就一番事业的，必然是有定力的人。心有定力，其志逾坚，才会咬定青山不放松；才能认清形势，排除万难向着既定的目标前行。唯其如此，他才会在纷繁复杂的世俗社会中寻找到一份宁静，才会保持那么一份淡定与从容，才能坚守自己的理想、信念与操守。

从古至今，教育都不曾是一块圣洁的净地。在各种诱惑下，倘若从教者不具备一定的定力，那么就会变得市侩、变得浮躁，在专业发展方面会犹豫、彷徨甚至迷茫，失去了教育应有的品相与品味。只有具备足够定力的教师，方能将教育看作追梦之所在，方能以爱和信心帮助学生插上理想的翅膀，引领学生飞向遥远的未来。只有具备定力的教师方能不饱食终日、无所用心，过得过且过的生活。

（2）自力。

所谓自力，是指教师在发展道路上应该自力更生。它是教师专业成长的关键。辩证法的基本原理指出，外因是变化的条件，内因是变化的根据，外因通过内因发生作用。教师在发展的道路上要获得成功，一是必须做到勤于学习，不断地阅读，与书本、先贤、专家对话；二是不断实践，把先进的理念转化为积极的行动，在行动中修正自己的思想观念与想法，创新教育教学；三是勤于反思，为自己插上腾飞的翅膀。

（3）洞察力。

所谓洞察力，是教师敏锐观察教育教学问题的能力。教师要走上专业发展之路，如果看不到问题，或者对问题麻木不仁，甚至视而不见，那是不可能成为专业人士的。可以说，教师的洞察力是每一个合格的教师所必须具备的能力。叶圣陶先生说："教师之教，不在于全部讲授，而在于相机诱导。"诱导，即我们所说的引导、点拨；相机，就是我们说的"识鉴通透"，大教育家在"诱导"之前冠以"相机"二字，十分精当、科学，耐人寻味。"诱导"是"相机"之后的教学实践，"相机"是真正科学地"诱导"的充分必要条件。"机"如果"相"得不准，或者悖反，那么"诱导"也就成了一句空话，甚至有可能把学生引到歧途上去。而教师的洞察力就可以让我们洞察到某一科学方法的落脚点、切入点。相当多的卓有建树的教学实践家、改革家就是从洞察教学环节、教学实际、知识联结、问题症结入手，或在大处着眼，或于小处着手，见微知著，在实践中逐渐提炼出自己的一整套科学实用的教学方法。

（4）研究力。

所谓研究力，是一个人探求事物真相、性质、规律等的能力。它是教师探求教育教学的历史、现实和未来的真义、性质、规律的能力。作为一名教师，如果只教不研，那么其教育生涯就是死水一潭，没有激情，没有信仰；如果只研不教，那么就会让工作失于空泛，过于单薄。研究力将二者结合起来，让教师成为学习者、研究者和实践者三个角色的综合体，从而塑造出一个适应素质教育的教师。研究力对于教师的发展来说，是一种十分重要的能力。

首先，教师的研究力决定教师教育教学水平的高低。一个人在取得教师资格证走上教师岗位之时，所具备的教育职业素养都是差不多的，但是，在后来的发展中，各个教师教育教学水平却各有各的发展、各有各的成就，甚至一些职业素养和知识素养低一点的，反而会发展得好些，成就要高一些。原因在什么地方呢？有个重要的原因，就是研究力的开发、研究力的自我修成问题，也就是研究力的高低问题。在实践中注意研究、勤于研究、善于研究的，成长就快，发展就快，成就便高，否则，就相反。

其次，教师的研究力决定教师教育教学理念的创新。大凡事物要发展，人类要进步，创新是关键。教育的实际时时刻刻都在发生着深刻而丰富的变化，教育理论在不断地向前发展，新课程改革的要求在不断地深化。不管是新教师还是老教师，旧有的知识和经验有一些不符合这些变化、发展和深化的需要，因此我们必须研究新的实际和要求，研究多种多样的教学对象和丰富而复杂的教学现象，研究新的知识、理论和规律，研究新的技术、手段和方法。而研究的深度、广度就决定着创新的程度。

总之，教师要想既是教学实践者又是教育研究者，就要用教与研互动以推动自己的专业发展，于研中教，于教中研，相互依存，相互促进，进而用心血在自己的领域进行研究创造，让自己沐浴于专业发展的阳光，成为名副其实的教师。

（5）借力。

所谓借力，是指教师的发展与进步必须借助他人的力量。"专业引领，同伴互助，实践反思"是教师成长的三部曲。教师应借助同伴、专家的力量来发展自己。

2. 跟着大师这样做，提升自己的专业发展能力

▮▮ 故事

一天午后，一群孩子在田间的小路上奔跑，追逐着一只蜻蜓。蜻蜓闪着绿莹莹的大眼睛，颤动着翅膀，惊慌地上下乱飞。也许是被追赶得昏了头，突然，它猛地撞在树干上摔了下来。翠贞扑上去捉住了它，几个孩子抢着要，叫着嚷着，闹成一团。

陶行知恰好从村里走出来，孩子们看见了他，齐声欢叫："陶先生！陶先生！"陶先生停下脚步，见他们捉蜻蜓玩，便慈爱地抚着翠贞的小辫子问："翠贞，你知道蜻蜓吃什么吗？"翠贞想了一下，回答道："吃虫子。""吃露水。"一个男孩子说。孩子们七嘴八舌地抢着说："吃草！""吃树叶！""吃泥土！"陶先生拉着孩子们坐在田埂上说："还是翠贞说得对。蜻蜓吃虫子，苍蝇、蚊子、水里的孑孓它都吃，你们说蜻蜓是不是我们的好朋友？"翠贞点点头。

陶行知从她手里取过蜻蜓，高高举起，阳光下，蜻蜓的圆眼睛一闪一闪的，尾巴一撅一撅的。陶先生又问："蜻蜓尾巴有什么用，谁知道？""蜻蜓用尾巴在河里点水。""尾巴是指方向的。"陶行知将蜻蜓小心地翻过去，指着它的尾巴

说："你们看，它的尾巴是一节节的，又细又长。它用尾巴保持平衡，调整方向。在它饿急了时，会将自己的尾巴吃去一截，不过，以后又会长出来。"接着他将蜻蜓的头部对着孩子们说："它的眼睛很大，结构很复杂，是由成千上万的小眼睛构成的，可以看清四面八方的虫子……"孩子们入神地听着，一个小男孩儿伸出小手，小心翼翼地抚了一下蜻蜓的尾巴。陶行知将蜻蜓举在眼前，用商量的口吻说："蜻蜓是吃害虫的，它是人类的朋友，放了它，让它为我们去消灭害虫，好不好？"说着把蜻蜓还给翠贞。翠贞看看小伙伴们，孩子们纷纷说："放了它，放了它，让它回家去！"翠贞张开小手将蜻蜓往上一送，蜻蜓忽地坠落下来，在地上挣扎了几下，又展开翅膀向空中飞去。

陶先生说："孩子们，我们观察生物，切不可将它捉来弄死。一只蜻蜓一年可以为人类消灭成千上万只蚊子。你们看，它在大自然中飞来飞去，多么自在，多么活泼！"

蜻蜓在空中飞了几圈，很快飞到流水潺潺的河面上，俯冲上升，盘旋翻飞。孩子们注视着它，欢呼着："嗬，在跳舞呢，看！"陶行知便由此想到许多学校的生物课，都是将活生生的东西弄死，做成标本，他多次指出："生物课不要变成死物课，'生物陈列所'不要变成'僵尸陈列所'，更不要在无意中培养孩子们残忍的天性。"他主张把孩子们带到大自然中去。要认识青蛙，可以到河边去观察；要认识小鸟，可以到树林里去。这样，才能观察到真正的生物，孩子们才能学到真正有用的知识。

在这个故事中，陶行知先生体现出了一名专业教师的发展能力——定力、洞察力和研究力。正是由于他具有身为教育大家的这三种敏锐的能力，他才能面对孩子们的问题，不是简单粗暴地呵斥，而是于小事中洞察到教育的契机，及时引导、教育孩子，培养其关爱自然和生物之情；也正是洞察力和研究力，让他及时认识到生物教学中存在的问题，从而做出引导学生回归自然，学到真正知识的决定。大师的亲身经历，进一步说明了教师专业发展能力的重要意义。接下来，让我们从大师身上吸取力量，看一看如何提升自己的专业发展能力。

（1）树立教师专业自我意识。

师魂的精髓是对教育力量的无限信仰，一名教师能否突破专业成长的瓶颈而成长为专家型教师，提升自己的专业发展能力，首先在于对教育力量的信仰与坚持，其次才是结构化的专业知识和熟稔的教育技能。叶圣陶先生在《今日中国的小学教育》一文中指出："教育事业原是教师做的，教师不能只等旁人来'觉我'，要靠自己觉悟……若是从'自觉'得来的，便心灵彻悟，即知即行。"因此，教师要提升专业发展能力，就必须对自己的教师角色进行二次认知，树立起专业自我发展意识。

（2）以树立远大的理想和信念激励自己。

成就事业的根本是人的理想信念，形成什么样的理想信念，就会形成什么样的事业。著名作家巴金说："五十年来理想从未在我眼前隐去，它有时离我很远，有时仿佛就在我身边；有时我认为我抓住了它，有时又觉得两手空空；有时竭尽全力向它奔去，有时我停止追求失去一切。但在任何时候，只要我一心向前，它会永远给我指路。理想是前进的灯塔，又是指路明灯。"为此，教师要提升自己的专业发展能力，就要树立远大的理想和信念，从而促使自己不断努力，提升发展的内驱力。

（3）树立终身学习的信念。

终身教育和终身学习是当代教师自身发展和适应职业的必由之路。1972 年 5 月，联合国教科文组织的报告——《学会生存——教育世界的今天和明天》中对此做过精辟论述，它强调人必须"在一生的一切时间和空间中学习"。为此，教师要提升自己的专业发展能力，就要以终身学习为理念，不断学习，提升自己的专业发展能力。

首先，教师要多读书，在理论学习中提升自己的专业能力。读书是教师专业成长最方便、最快捷、最有效的手段。读书对教师来说更具有特殊意义。关于读书，就不能不提到叶圣陶先生在各种场合谆谆告诫教师要增加"本钱"。这里所说的"本钱"是什么呢？他在给朋友的信中说提道，所谓本钱，一为善读，一为善写，二者实相关而不可剖分。因此，教师要不断提高专业水平，多读是不二法门。事实上，教师要提高专业发展能力，博览群书为自己增加"本钱"就是重要的途径。学科课程涉及面广，知识含量大，涉及教育学、心理学、伦理学、自然科学、社会科学等。因此教师要"上知天文，下知地理"，既是专家，又是杂家，这样才能为教学提供源头活水，解决问题时也才能左右逢源，才能为自己的专业发展提供雄厚的资本。如此一来，教师在读书时，要注意重点读好以下几类书：读教育报刊，以便及时了解教育同行在思考什么、研究什么；读教育经典，达到以史为鉴，反思自我，不断创新。读专业书，从而跳出课本和教参的小天地，成为各自专业的行家里手；读中小学生的书，在细心品读的过程中，走进学生的心灵，提升洞察力；读人文类图书，开阔视野，丰富自我，使自己成为真正意义上的文化人；读"无字"之书，广泛采集课程资源，做创新型教师。

其次，教师要练就写作本领。事实上，写作的基础是一种学习的反思和消化。教师在不断写作的过程中，不断反思自己的所做、所读、所思，进而提升自己的洞察力、研究力和定力，当然也自然提升自己的自力。

最后，教师要善于向专家和同行学习。这是教师学习的重要途径和对象。第一，教师要与专家面对面，聆听专家睿智的演讲，走进专家的专业生命。教师们在与专家对话的过程中，自己优秀的做法得到专家肯定，是一种激励；心中的困惑与专家探讨、碰撞，更是一种激励。这种激励对有些人来说，可能会终身受益，有些人甚至会因此改变自己的人生。第二，教师要与学校同行相互学习，取长补短。在一些教研组人数较少的学校，还可以开展校际合作，进行联合教研，以此发展自我。第三，教师还要借助来自社会的其他资源，利用好这些社会资源以优化自身资源，达到资源整合与共享，使自身教育教学百尺竿头更进一步。

（4）不断实践，勤于反思。

实践是检验教师学习水平的唯一标准，勤于反思则是教师专业成长的必由之路。因此，教师可以将反思与前面提到的写作结合起来，用多种方式对自己进行反思。常见的反思形式有：写教学后记；做课后小结；搞课后专题研究；课后向学生征求意见，与学生座谈；微格教学，用摄像机、录音机录下自己的一节课，课后反复"推敲"；写教学日记；与同行共同研讨。

总之，无论哪一种方法，教师既要总结成功的经验，又要寻找失败的原因；既要记教学活动，又要记学生的学习情况；既要记自己的体会和感想，又要构想下一次教学。这样虽然看起来有些零零碎碎，但这些反思的内容均来自自己的学习和教学心得，出自自己深刻的思考，是自己真切的感受，非常珍贵。我们教师如此长期坚持下去，日积月累，就可以增强教学能力，提升专业发展能力。

四、提升语言表达艺术

教育家苏霍姆林斯基说："教师的语言修养在极大程度上决定着学生在课堂上的脑力劳动的效率。"叶圣陶先生说："凡当教师的人绝无例外地要学好语言，才能做好教育工作和教学工作。"因此，教师的语言表达艺术相当重要。为此，教师要提升语言表达能力，掌握语言表达艺术。

1. 语言表达艺术，不可忽视的基本功

教师的语言表达能力，是指教师把自己的思想、知识、技术、信念和情感，通过语言并辅以表情和动作向外表达的能力。它是教师劳动的工具，是教师向学生传授知识、技术和教育学生的手段。无论是教学还是教育的内容，主要是通过语言传入学生头脑中的。教师的语言表达能力在教育和教学中的作用，反映了它的重要性。

（1）教师的语言表达能力直接影响教学效果。

苏霍姆林斯基在《给教师的一百条建议》中说："在拟定教育性谈话的内容的时候，你时刻不能忘记，你施加影响的主要手段是语言，你是通过语言去打动学生的理智与心灵的。然而，语言是强有力的、锐利的、火热的，也可以是软弱无力的。"可见，教师的课堂语言既是教师基本功的体现，也是提高课堂教学效率的重要组成部分。

教学过程是特殊的认识过程，其主要表现是认识的间接性，即由教师主要用语言的形式，把人类所创造的知识财富传授给学生。所以教师的语言成了学生获取知识、培养能力、提高觉悟的重要手段。因此教师的语言素养，在很大程度上决定着学生的学习效果。教师只有具备了一定的语言表达能力，才能把书本上的

比较"死"的书面语言，转化成学生易于理解的"活"的口语，这样才能将所要传授的知识，用通俗形象的语言表达出来，使学生形成清晰的概念、原理等，从而顺利地由形象思维转化为抽象思维。

可以说，如果教师的语言表达能力强，授课时声情并茂，语言引人入胜，这样就能引领学生步入知识的殿堂，这样的话，不但能激发学生强烈的求知欲，激起学生学习的兴趣，吸引学生的注意，还能引导学生积极思考。在教学中，教师的语言表达能力发挥得好，或风趣幽默、或言简意赅、或妙语连珠，学生听起课来则兴致盎然，津津有味。因此，教师语言表达能力的好与差、强与弱会直接影响教学效果与教学质量。

（2）教师的语言表达艺术影响教育效果。

教师的每一句话都会影响其对学生的教育效果。因此，在师生沟通中，教师的语言表达艺术直接影响着对学生的教育效果。

苏霍姆林斯基指出："教育的艺术首先包括谈话的艺术。"这就给教师的语言修养提出了很高的要求。语言是人类沟通的桥梁，在师生沟通中，教师扮演的不仅仅是单一的知识传授者的角色，他还应该是一个组织者、引导者、评价者。相当多的教育功能要借助教师的语言表达出来。尤其是教师在与学生沟通时，幽默的语言是"具有智慧、教养和道德上的优越的表现"。而研究表明，人们都喜欢幽默的交谈者，喜欢听幽默的话语，因此具有幽默感的教师在与学生交流时，可以让学生们感到快乐和喜欢，即使是向学生表达一些否定性的意见时，也会使学生容易愉快地接受。除此之外，教师的语言表达艺术还可以达到"只需意会，不必言传"的含蓄效果，从而提升师生沟通的效果，提升对学生的教育效果。

2. 听从大师的教诲，提升语言表达艺术

苏霍姆林斯基认为，教师的语言是一个强有力的工具，就像演奏家手中的乐器、画家手中的颜料、雕塑家手中的刻刀一样。没了乐器就没了音乐，没了颜料和画笔就没了绘画，没了大理石和刻刀就没了雕塑。同样，没了活生生的、深入人心的动人语言，就没有学校，没有教育。教师如何提升自己的语言表达艺术呢？

（1）广泛涉猎，博采厚积，使表达言之有物。

教师要多读好书，培养好的阅读习惯，从书中汲取语言表达的方式方法和技巧。知识会增加语言的素材，增加一个人的气质涵养。"问渠那得清如许，为有源头活水来"，当今时代知识倍增，科学知识迅猛发展，每一个人都面临着不断更新旧知、补充新知的问题，师生之间的信息差越来越小，作为教师，知识更新的要求就尤为迫切，不及时更新就难以与时俱进、教书育人，而阅读不失为更新知识的一条最佳途径。书籍是思想的宝库，是人类进步的阶梯，高尔基说："读书，这个我们习以为常的平凡过程，实际上是人们心灵和上下古今一切民族的伟大智慧相结合的过程。"阅读可以使我们积累知识、扩展胸襟、拓展思路、自我反思，发展思维，感悟理想信念、感悟理性与真情。因此，我们教师要不断学习，接受再教育；不仅要掌握本专业本学科的基础知识，更要学习、理解本学科最新研究动态、成果，充分占有各自领域的新信息、新观念、新策略、新问题。"能博喻方能为人师"，教师通过大量阅读，博采广收，去伪存真，汲取精华，开阔视野，丰富思想，加深见解，既纵深发展，又横向延伸，让自己在教育教学中旁征博引、信手拈来、情理并重、游刃有余，做到有话可说，内容充实。

（2）加强训练，发展思维，让说话言之有序。

日本作家小林多喜二说："正如'结构'二字的字面含义是盖房子一样，不管你的目标是多么高尚，材料是多么优良，如果盖得不好，摇摇晃晃，结果毫无用场。"材料丰富，内容充实，如果缺乏严密的思维作支撑，也只是一盘散沙，杂乱无章，难以达到预期的效果。语言是思维的外衣，只有思维清晰的人，其语言表达才可能流畅贯通。真正有教育意义和启发意义的语言，应该是建立在思维基础之上的。教师教育教学，应该意在嘴先，三思而后说，在内容表达上要先设计一个基本的思路。只有对问题进行深思熟虑后，才可能娓娓而谈、声情并茂，张弛有序，从容不迫。这就要求教师在教学上要认真备课，吃透教材，明确教学目标，科学设计教学程序，由浅入深、由近及远，由具体到抽象，层层深入，契合学生的思维发展。而要做到这一点并不容易，需要教师通过阅读、交流、实践、反思等手段拓展视野，更新思维；在日常教育教学中，有意识地对学生进行思维训练，并反复进行口语表达训练，提高学生思维的准确性、灵活性、全面性，使其形成合乎个人习惯的最佳语言表达方式。

要注意的是，所谓多说，并不是乱说一气，而是有准备、有计划、有条理地去说。要说得好、说得精彩，就必须有充分的准备，而这一准备过程和实际说的过程也就是练习语言表达的过程。教师在这一环节要注意以下几方面：一是语言要准确简练，叙述连贯，逻辑性强。这是由教师传授知识这一特定任务决定的。因为科学知识本身就具有内在逻辑性、首尾连续性以及叙述准确性的特点。二是不能照本宣科，讲课要通俗易懂，多设问，多比喻，多停顿。即教师在语言表达过程中要力求深入浅出，形象生动，通俗明白，流畅自然，跌宕起伏，抑扬顿挫。教师只有把话说得明白，让学生易于理解和接受，才能收到很好的效果，否则，学生听得昏昏欲睡，越学越烦。三是要注意语速、语调、节奏和修辞。教师在语言表达过程中，声调要有高有低，有起有伏；节奏要平稳、分明、适度，要有抑扬顿挫。同时还要讲究速度和修辞，不能过快，也不能过慢。学生难以理解的知识点，可以通过修辞手法，使学生更易于理解。四是要学会用手势。教师在讲话时伴以适当的手势动作，更能增加语言的生动性、形象性，增强语言表达的效果。但在运用手势辅助语言表达时，一定要力求自然，切忌做作；力求生动有节奏，切忌呆板单调；力求庄重大方，切忌装腔作势。

（3）春风化雨，润物无声，要讲究言之有情。

白居易说："感人心者，莫先乎情。"言为心声，语言不仅作用于人的感官，更作用于人的心灵。人有七情，是情感性的动物，对有血有肉的人来说，最有影响力的触动方式莫过于动情。孔子说："知之者不如好之者，好之者不如乐之者。"教师"好之""乐之"，从思想的高度认识到自身职业的神圣，热爱自己的教育事业，产生对教育事业的浓厚兴趣，以饱满的热情、高度的责任心投入到教育工作中去，那么，其语言表达便会充溢着炽热的情感，字字珠玑，句句含情，触动学生敏感的神经和精神世界。教师的语言表达有了动人心魄的力量，春风化雨，魅力无穷，学生耳濡目染，如沐春风，便会高度关注并积极参与教学活动，提升认知活动的效率，增强认知的动能，教学效果不言而喻。相反，教师没有情感参与，语言表达苍白无力，激不起学生感情的涟漪，就不是有效的语言表达。

（4）巧用幽默，妙语连珠，做到言之有趣。

苏霍姆林斯基说："如果教师缺乏幽默感，就会筑起一道师生互不理解的高墙：教师不理解儿童，儿童也不理解教师。意识到儿童不理解你，就会使你生气，教师生起这种气来，就往往无法摆脱。亲爱的同行，相信我，侵蚀学校生气勃勃的肌体，毒害学生集体生活的冲突，多半正是这种互不理解引起的。"幽默是情感、思想、学识、灵感的结晶，是课堂教学的催化剂。幽默诙谐、风趣高雅的语言可以起到拉近距离、活跃气氛、点燃激情、加深理解、强化记忆的作用；可以化深奥为浅显，化抽象为形象，使教学内容通俗易懂、妙趣横生；可以让教师沉着冷静、处变不惊、挥洒自如地处理教育教学中的突发事件，敏锐地捕捉教学契机，调整教学的方向。

当然了，如果教师要言之有趣，首先就要树立和强化幽默意识，善于向书本学习，博览群书，潜心阅读，积累幽默的格言、警句；善于在生活中学习，处处留心、时时在意，发现、积累生活中的幽默素材，增加知识储备。同时，教师要在积累中思考，领悟幽默的内涵与本质，掌握创造幽默的途径，并通过反复练习，不间断地反思，及时总结、矫正，提升幽默智慧。在具体的教学过程中，教师还要吃透教材，认真准备，根据实际情况灵活地设计幽默情节，生动地介绍、描述、评论课文内容，机敏地穿插使用幽默的格言、警句、故事等，恰当地运用比喻、拟人、夸张等修辞方法，辅以幽默的动作、表情，开发利用好幽默资源，创建和谐课堂，实现师生思维共振。

（5）规范用语，言之有范。

作为教师，要提升语言表达艺术，不仅要锤炼语言，使自己的语言丰富充实、圆润清晰、自然流畅、饱含激情、生动形象，还要树立讲好普通话的意识，积极普及、推广、运用普通话。普通话是中华民族的共同语，是我国社会发展水平与文明程度的具体体现。学好普通话、用好普通话是每一位教师义不容辞的责任和义务。学高为师，教师要认真学习，坚持使用普通话、用好普通话，高标准、严要求，精益求精，给学生做表率、做示范，让学生体会汉语的优美、动听和生动的表现力。特级教师于漪说："语文教师带领学生学习规范的书面语言，如果自己的口头语言生动、活泼、优美，就能给学生以熏陶，大大提高学习效果。""蓬生麻中，不扶自直"，教师的语言水平，给学生创造良好的语言学习环境，提供给学生模仿、学习语言的标准，其作用不容低估。

此外，教师要提高语言表达艺术，还要注意多听——多听别人的说话方式，留意别人说话时的声音、语调、动作、神态等，特别是一些能吸引你的方面，从中学习其好的说话技巧，从而提高自己的语言表达能力。

五、练就非言语表达艺术

教育家马卡连柯曾明确提出："高等师范学校应该用其他方法来教我们的教师。如怎样站、怎样坐、怎样从桌子旁边的椅子上站起来、怎样提高声调、怎样看，等等。这样，我们就会触及众所周知的演剧方面以及舞蹈方面的技巧，运用嗓子的技巧、声调、重音和动作上的技巧。这一切，对教师来讲都是很有必要的，如果没有这些技巧，那就不能成为一个好教师。"由此可见教师的非言语行为在教育教学中的重要性。

1. 非言语行为，表情达意的工具

非言语行为即是指教师以风度气质、举止表情、态势变化等非语言的形式进行表情达意、教书育人的创造性活动。它指的是言语行为之外的依靠或借助副言语手势、面部表情、眼神、体态等传递信息的方式。教师的仪态、扬眉、眨眼、挥手、转身等乍看起来或许简单甚至是无意识的非言语行为，一旦经过艺术加工，均可以传情达意，暴露心境，因此具有丰富的内涵和创造的意义，可以在教育教学上发挥巨大的作用。

（1）辅助作用。

手势动作、姿势、表情和眼神等非言语表达形式，可以为教师的言语表达增色，从而让其言语内容更有艺术光彩。无论是课堂教学还是平时针对学生的教育活动，非语言艺术的辅助均可以令言语表达更加易懂、明白，弥补语言表达的不足，将语言难以表述的感情表达出来。可以说，非言语表达艺术可对言语起到支

持、修饰、增强语言表达效果的辅助作用，使抽象的语言变得形象生动。

根据举止形态学的研究和教学实践，非言语行为的辅助作用，首先是可以引起学生的注意，使之集中于言语所指向的内容；其次可以补充、加强甚至代替言语，使它更加明确、有力、精确，关键地方能够得到强调；最后，以非言语等行为伴随言语行为，可以使学生在接收言语信息的同时得到生动的形象。从心理学上说，这样，就能使多种形式的信息同时作用于学生的大脑，可以刺激学生大脑两半球同时活动，使其抽象思维与形象思维得到和谐的统一，这样产生的多种神经联系能使学生理解得更为深刻，记忆得更为牢固。另外，特别要指出的是言语传授中教师情绪对学生感染的问题。教师对讲授内容的热情和兴奋，固然可以在言语中为学生所接受，但更多的是通过举止神态等非言语行为传递的。有些研究发现，进入角色、感情充沛的教师，将身子倾向学生，脸上就更富于生气勃勃的表情，他的言谈也更充满激情和兴奋。这样，他的姿态就更容易使学生感受到他的情绪，帮助学生自觉掌握其讲授内容的精神实质。因此，教师在讲课时，必须在注意教学语言的同时，充分估计自己教学姿态的效果。就教师必须做好即兴表演来说，教学确是一种艺术，但如何表演才能打动人心却是一门科学。为了让学生充分掌握教学内容，教师应充分发挥自身非言语行为的作用。

（2）引趣作用。

非言语行为是一系列形象的、外部的动作，这些动作通过学生的视觉，吸引他们的注意力，引起他们的兴趣。研究表明，人的视觉、听觉不宜长久地集中在一个固定的信息源上，因为那样易于疲劳。这就要求教师在教学中不断做出非言语行为，如面部表情、举止动作、身体所处位置的变化等，使学生的视觉、听觉不断变化集中点，获得新鲜的刺激。如果教师的非言语行为所提供的视觉信号能够像美丽的图画一般，那其集中学生注意力和引发兴趣的作用就更为明显。

（3）调控作用。

在课堂教学的组织与调节中，许多教学指令不是单靠口头语言发出的。非言语行为也是向学生发出命令、提出要求、指示方向的有效途径。如教师对上课讲话的学生投以注意的目光，从而起到组织作用；对破坏纪律的学生流露出不满意和殷切希望改正的神情，或通过一个巧妙的手势动作示意其立即停止；教师通过自己身体所处位置的变化，不断调整自己与学生之间的空间距离，以达到课堂调控和管理的目的。事实上，这样的课堂管理才是有水平的。有关调查统计发现，一般有水平的教师，其课堂组织管理行为中有90%是用非言语行为。

（4）情感交流作用。

非言语行为在课堂教学中还可以起到情感交流的作用，成为沟通师生感情、加强师生联系的工具。于对教师来说，除了一个言语的教室以外，还存在着一个非言语的教室。任何一个在教室里待过的人都知道，学生间存在着一种完全有意识的非言语交流活动，他们之间的挤眉弄眼、搔首抓耳，都有着某种确定的意义，教师在讲台上讲课时，他们就用这种方式交流，从而联结成一个无声的整体。如果教师意识到这种交流的存在，那就可以意识到还有另外一个教室存在。如果他看到并明白了这种无形的教室的存在，那么就等于其真正地进入了教室，进入了学生的心田。因此，教师就可以运用非言语行为发展自己与学生的关系。教师观察学生的动作，然后按照学生的习惯在自己的行为中加入他们的动作，适当的时候使用学生的语言同学生进行无声的交流，这种做法称为"姿势的共鸣"。人与人之间有了这种"共鸣"，就会产生一种朋友似的无意识一致行动的方式。师生间有了这种"共鸣"，就会使学生觉得教师是他们中的一员，师生间无形中就会有更多默契。

2. 按大师所说，重视提升非言语表达艺术

教育家马卡连柯曾指出："没有面部表情、不能给自己的脸部以必要的表情或者不能控制自己情绪的人，不能成为一个优秀教师。教师应该这样来要求自己，他的每一个举止都有教育意义，而且应该经常清楚地知道，当时他希望的是什么，反对的又是什么。"他还说过，他是在直到学会了用15~25种语调说出"走过来"这句话，学会了在面部、体态、声音上表现出30种不同情调之后，才成为真正的教育能手的。这就是说，优秀教师的表情能随情景、客观要求和学生状况的变化而改变自己表现的倾向、方式和分寸，以便有效地感染、教育学生。这说明，一个教师要提高其教学工作的艺术性，就必须加强非言语行为技能的训练。

（1）提高对非言语行为表达重要性的认识。

非言语交际早于言语交际，但相关研究还是近几年的事。一般教师对言语表达的重要性比较重视，而对非言语行为却缺少研究。一些教师在基本功训练上也只注重说普通话、标准音等，但音量、音质、音速、音调却被忽视。其实课讲得好不好，不仅在于语言表达，而且与非言语行为是否和谐得体有直接关系。如有的教师十分注重根据教材内容的要求，在自己讲述中注意语调、音量、表情等方面的表现，使学生有"如见其人""如闻其声""如临其境"的感觉。而有的教师讲述或朗读如诵经一般，语调平平，表情麻木；有的教师上课时眼睛不是看学生，而是看窗外或讲稿；有的表情淡漠，目光呆滞，不能与学生产生感情上的沟通与交流。这种教学丝毫引不起学生的兴趣，更难谈到学生生动活泼、主动学习。因此教师在加强基本功训练时，在注重言语行为训练的同时不要忘记加强非言语行为的训练，并把它列入基本功训练内容之中。要尽量多地掌握一定的非言语表达技巧，从而增强教学的效果。

（2）巧妙运用非言语的辅助作用。

教育家马卡连柯明确指出："教育技巧，也表现在教师运用声调和控制面部表情上。"因此，教师要充分发挥非言语表达艺术，就要注意巧妙地发挥其辅助作用。

首先，教师要用自己的身体姿态这种非言语行为来辅助教学。教师在讲课时，姿态优雅、充满激情，可以为沉闷的课堂带来满堂春色。一个感情充沛、激情飞扬的教师，其课堂必定是活跃充实、别开生面的，必定是充满情趣、吸引学生注意力的。同时，教师还要注意利用自己的服饰、容貌和体态这些非言语语言给学生以美感，直接影响学生的学习兴趣，帮助学生更好地掌握和理解知识。要做到这些，教师在备课时就要根据教学情况精心设计讲课时的姿态，调整好自己的心态，以确保讲课时感情充沛，使教学效果事半功倍。

其次，教师要学会运用面目传情。眼睛是心灵的窗户，是非言语行为的主要工具，面孔是情绪变化的晴雨表，它们均是人们交流信息、传递情感的重要工具。它们所表达的词汇往往比有声语言更富感染力。如课堂上，师生关系常常靠眼睛来建立和维持，因此教师应懂得如何使用眼睛。教师的眼睛看某些学生的频率，反映了教师对他们的好恶。举止形态学的研究发现，相互喜欢的人相互注视的次数要比相互不喜欢的人更频繁些。一个人对一群人中的一个给以更多的注视时，旁观者认为这意味着前者对后者比对其他在场的人更喜欢。因此，教师对自己偏爱的学生必须避免过多地顾盼和提问，以免引起其他学生的不满。教师在教室中的位置也影响他同班级内学生的关系。如果他经常站在某个学生边上或站在某一群学生中，就会使其他学生产生一种受冷落感。教师在教室中如果是一直站在讲台前，那么这位教师实际上是在严肃地与学生保持着一段距离，他维护的师生关系是正式的。如果他走到学生中间，那么师生间就会产生一种直接的更接近的感觉，使相互间进行交流的要求加强。举止形态学的研究证明，人们都易于同坐在自己一边的人交流，人们与坐在同侧的人交流比同坐在对面的人交流更自然、更舒服些。

最后，教师要恰当运用点头、手势等非言语行为。头和手的使用是非言语行为的重要组成部分，它们可以表达语言难以表达的思想感情。比如点头表示赞扬和肯定，摇头表示否定。手是会说话的工具，手势在教学中的使用可以让教师的主体形象更加鲜明，使有声语言更能传情达意。教师要充分发挥手势的作用，做到自然、大方。一般来说，手势在上区（肩部以上）活动，表示理想的、张扬的、宏大的感情；在中区（肩部至腹部）活动，表示叙述事物，说明事理；在下区（腹部以下）活动，表示不悦、厌恶、憎恨的情感。教师要充分理解手势在身体不同部位所表示的意义，灵活恰当地使用手势。

（3）非言语行为一定要做到表达示意清楚，恰到好处。

非言语行为表达要根据教学内容的要求进行，切不可画蛇添足。非言语行为的表达一定要与言语表达紧密配合，既是伴随着语言表达产生的，又是为了配合语言表达。人们常常把讲台比作舞台，把教师比作演员，这主要是指教师要全身心地投入到教学工作中去，并且有丰富的知识和娴熟的技巧。但讲台毕竟不是舞台，教师毕竟不是演员，这就要求教师在教学中庄重而不呆板，活泼自然而不矫揉造作。这里特别要指出以下两点。

首先，非言语行为示意要清楚。既然非言语行为是辅助言语表达的一种手段，教师就应该配合语言表达的需要进行非言语行为表达，这种举止行为一定示意可靠，即清楚准确，学生一看就明白。否则非但不能使学生很好地掌握言语要表达的内容，还可能使学生产生误解、曲解，达不到非言语表达的目的。

其次，要恰到好处，即恰当地根据教学需要做出最有效的举止行为。教师非言语表达要做到"少"而"精"，切不可夸张，更不能喧宾夺主，不可像舞台上的演员那样眉飞色舞、大动干戈。

专题四

师法：教而有法，法无定法

　　教育家孔子提出教学一体、因材施教等主张，注重将学与思结合起来；苏霍姆林斯基主张教学的首要任务就是教会学生学习，要把独立学习的能力教给学生；陶行知先生提出生活教育理论，主张"我们要活的书，不要死的书；要真的书，不要假的书；要动的书，不要静的书；要用的书，不要读的书。总起来说，我们要以生活为中心的教学做指导，不要以文字为中心的教科书"；马卡连柯则提出平行影响和前景教育，重视学生道德教育，重视集体教育的作用，强调在孩子的纠正错误和改造过程中，不应该把注意力集中在过去的错误上，而应引导他们看到美好的未来。

一、引导学生实施自我教育

苏霍姆林斯基认为："一个少年，只有当他学会了不仅仔细地研究周围世界，而且仔细地研究自己本身的时候；只有当他不仅努力认识周围的事物和现象，而且努力认识自己的内心世界的时候；只有当他的精神力量用来使自己变得更好、更完善的时候，他才能成为一个真正的人。这里说的就是学生在精神生活的一切领域里的自我教育。"因此他提出"没有自我教育就没有真正的教育"，指出发挥学生自我教育功能的重要性。

1. 自我教育，学生真正接受教育的关键

既然苏霍姆林斯基认为自我教育是学生能否真正接受教育的关键因素。那么，何为自我教育呢？在苏霍姆林斯基看来，学生的自我教育，简单地说就是学生个人自己教育自己的活动，即学生运用一定的道德标准，调动自身的精神力量促使自身道德修养变得更加美好和完善的活动，其内容包括自我认识、自我控制、自我实现和自我评价等几个方面。苏霍姆林斯基对学生自我教育的意义给予了高度评价，并从以下几个方面详细地论述了学生自我教育的作用。

（1）是提高德育效果的前提和保证。

在苏霍姆林斯基看来，德育的任务在于把社会意识和道德要求转化为受教育者的自我意识和道德品质，这个转化过程必须有教育的诱导和受教育者的积极参与才能真正实现。他认为："少年期和青年早期，是个性在智力方面、道德方面和社会思想方面自我形成的年龄期。在这个年龄期，学生正常的精神发展，取决于他在活动的各个领域和在集体的关系中，在智力生活和劳动中，在道德信念的

形成中，其自我形成的过程进行得是否深刻。"因为，"真理只有在被学生亲自获得，亲自体验到，并成为他们自己的个人信念之后，才能成为他们的精神财富"。他认为，把教育和自我教育有机地融合在一起，才能克服在教育青少年学生过程中面临的各种困难，不断提高德育的效果。教育工作者如果只是将青少年学生当作教育的对象，忽视其兴趣、感情、能力和积极主动性，那么就会严重影响教育学生的效果。

（2）是提升学生能力和学习积极性的重要方法。

苏霍姆林斯基多次强调，学生不可能永远待在学校里，接受教育者的监督，他们早晚是要走向社会、走向现实生活的，如果没有自我教育的能力，他们就无法有计划地安排自身的工作、学习和生活，难以抵制不良倾向的侵蚀，其成长过程就会受到极大的影响。他反复论证，"只有能够激发学生去进行自我教育的教育，才是真正的教育"。

2. 自我教育可以采用的方式

自我教育这种方式可以充分发挥学生的主动性，调动学生的自主性，从而让教师对学生的教育产生事半功倍的效果。具体来说，自我教育的方式主要包括自我激励、自我认识、自我实践、自我评价、自我调控五种。

（1）自我激励。激励动机是自我教育的动力。心理学家认为，动机是直接推动一个人进行活动的内部动力因素。它是需要的具体表现，或者说是需要的动态表现。自我激励是激发学生自我教育的动机，就是把社会需要的正确的道德准则和行为规范要求转化为学生主动地接受教育的精神需要，从而使学生能主动、自觉、努力、积极地接受教育和进行自我教育。这种自我教育方式在教育和教学上包括借教学目标激励、借教材激励、借典型激励、借竞争激励几种。

（2）自我认识。"人贵有自知之明。"一个人只有对自我有一个正确的认识、了解，明白自我的特点，如长处、短处、优点、缺点、成绩和不足等，才有可能进行自我教育。因此，自我认识是自我教育的基础。一般来说，这种自我教育方式包括自我思考、自我介绍、自我检讨三种。

（3）自我实践。实践活动是学生自我教育的基本途径。学生的认识、观念只有通过实践的深化、检验，才能真正成为学生的行为和习惯，任何能力的形成与发展都离不开实践活动，自我教育也如此。自我实践包括自我体验、自我训练、自我节律三种方式，其中自我节律是指学生自定自我节律约束的规章制度，以此进行自我教育。

（4）自我评价。自我评价是发挥学生自我教育作用的综合性的集中体现。它是学生在教师的引导下恰当地进行自我教育的方式。这一自我教育方式包括自我评述、自我评判和自我鉴定。这种自我教育方式使学生利用自我反思和反省，发现问题，明确努力的方向。

（5）自我调控。调控是教育活动的重要组成部分，对学生的教育与学生的自我教育都离不开调控作用的发挥。学生自我调控包括对行为反复的调控、对遭受挫折与失败的调控和对发展与提高的调控。这种自我教育方式同样是学生变被动为主动、变不利为有利的一种进步和提高的方式。

3. 向大师学习，引导学生实施自我教育

明确了学生自我教育的方式，那么教师如何对学生实施自我教育呢？苏霍姆林斯基为我们指明了方向和方法。

（1）要为学生创设良好的自我教育的环境。

在苏霍姆林斯基看来，外部环境是学生精神生活的决定因素，因此他认为要保证青少年学生自我教育的效果，就必须为他们创设良好的自我教育环境。他说："如果你希望你的学生在童年，特别是在少年时期就能表现自己，如果你希望一个学生的行为能使其他学生受到教育，并使之养成良好的习惯，那么你就得在学校里创造自我教育的环境，而且要善于保持并使之经常充满着崇高的精神。"而其本人正是因为意识到了自我教育的重要性，因此为了培养全面发展的新人，他与其同事重视从教育着眼，在帕夫雷什中学创设了一种有利于学生身心发展的教育环境，这个环境包括自然风光、校园文化、教学设备、室内陈设以及图书保障等方面。具体来说，为学生创设自我教育环境要注意以下几点。

首先要体现育人性。苏霍姆林斯基认为，校园里的任何东西都不应当是随便安排的，"孩子周围的环境应当对他有所诱导，有所启示。我们竭力要使孩子所

看到的每幅画，读到的每句话，都能启发他去联系自己和同学"。"我们在努力做到，使学校的墙壁也说话。"学生在这种良好的环境中，必定精神焕发，无时无刻不在受着潜移默化的教育，督促他们进步。

其次是参与性。苏霍姆林斯基与其同事让学校的学生从低年级开始就积极参与校园建设，该校的校园环境中浸透了每个孩子的汗水，凝聚了每个学生的智慧，从而激发着每个孩子的心灵对周围一切的无比关怀和爱护，而这本身就是对学生富有成效的德育、智育、体育、美育、劳动技能教育的综合教育。

最后要重视学校的图书建设。在苏霍姆林斯基的领导下，"学校图书馆是学校精神生活中心，是精神生活的重要基地之一。儿童的许多兴趣在这里得到满足，激发幻想的火花往往在这里点燃"。形式上，书籍是学校的一种物质资源，实质上它是促进学生身心发展一时一刻也离不开的精神食粮。

（2）引导学生建立健全各种规章制度，在丰富多彩的活动中不断完善自己。

苏霍姆林斯基发现，处在童年和少年早期的学生容易接受长辈的劝告，饶有兴致地做有益的、需要和必须做的事情，他开始自己照料自己，辨别和评价自己身上好的和不好的东西。因此他强调应当在童年和少年早期（即7岁到12岁），就应引导学生健全各种规章制度，让他们自己安排自己的活动，并在必要的时候能够"强制自己"和"战胜自己"。他认为："如果错过了这个时期，那么以后就不可避免地出现再教育的问题。"他还说，"劳动纪律、作息制度、锻炼身体、增强健康，——所有这些都是精神生活的领域，随着一个人接近青年早期的年龄，它们越来越深入地成为自我教育的因素。如果一个人在童年时期就体验过克服自己的弱点的满足，那么他就会以批判的态度看待自己。正是从这一点上，开始一个人的自我认识；没有自我认识，就既不可能有自我教育，也不可能有自我纪律。一个年纪幼小的人，不论他把'懒惰是不好的'这句话记得多么牢，理解得多么清楚，但是如果这种情感没有迫使他在实际行动中管住自己，那么他就永远不会成为一个意志坚强的人。"为此，他提出以下方法。

一是让学生参与多项活动，从而培养学生的自尊感。在他看来，教师要引导青少年学生尽量多地参加劳动、身体锻炼等各方面的活动，让他们从劳动的成就中得到欢乐，使他们摆脱那种无能为力和依赖别人的情绪，从自己的双手和智慧及意志努力所创造的东西中"看到自己"，因为"自己从事劳动的满足感是一个人的自尊感的根源，同时，也是一个人严格要求自己的根源。只有那体验到取得成功的欢乐的人，他才有希望成为一个更好的人"。

二是给予学生充分的自主性。苏霍姆林斯基指出，教育者在指导学生进行自我教育的过程中，要"防止一种最主要的困难，即故意地、人为地做出教育别人的样子"。教育者应该相信学生，让他们独立地安排活动计划，教育者只是检查他们活动完成的情况，对他们遇到的问题给以帮助，不能说三道四，甚至包办一切。

（3）通过阅读优秀的课外书籍进行自我教育。

苏霍姆林斯基指出："无限相信书籍的教育力量，是我的教育信仰的真谛之一。"他认为青少年精神空虚的重要原因之一就是缺乏真正的课外阅读。他认为，所谓自我教育，就是用一定的尺度来衡量自己。那么，学生在阅读时要注意些什么呢？

一是要注意阅读内容的选择，即要注意选择阅读英雄人物传记或事迹。苏霍姆林斯基多次强调，每个孩子都要有一本心爱的、可以反复进行阅读的好书。尤其是英雄人物的传记是少年进行自我教育的百科全书。他曾说过："我努力做到使每一个少年都有一本心爱的书，使他反复阅读、反复思考这本书，这样做并不是为了他必须把读过的东西记住并且用来回答教师的问题，而是为了使他为自己的命运而感到激动。我坚定地相信，少年的自我教育是从读一本好书开始的，并且表现为他能用最高的尺度——那些英勇的、忠于崇高思想的人们的生活来衡量自己。而如果在少年的精神生活里只有上课、听讲和单单为了识记而死抠书本，那么这种自我衡量、自我认识就是不可能的。"

阅读对加强学生的自我教育具有重要作用，借助于阅读英雄人物的传记或事迹，学生可以以英雄人物的生活为测量自己的尺度，从而引导其深入思考周围世界和自己本身，进而仔细观察和了解人的灵魂的复杂性，思考自己的命运和前途。简言之，学生可以"从英雄人物的道德财富中为自己找到榜样"，进而获得自我成长的养料，激励自我成长。

二是要注意阅读的数量和阅读的质量。苏霍姆林斯基认为，在每一个学生的周围都有一个由 4 万本书籍汇成的书籍的海洋,有的书对学生身心的健康成长很有帮助,有些书则是毫无意义的(它们既不能丰富学生的智慧,也无助于陶冶学生的情操),而另一些书简直是有害的。他通过调查发现,"一个最勤奋的读者,毕其一生所能读完的书也不会超过两千本"。因此他强调教育工作既要重视给青少年学生购置书,又要指导他们严格地选择书,不能消极地等待青少年去"碰上"正好适合于他读的那本书,而应当跟每一个青少年学生进行个别谈话,努力去为他揭示书籍真正的美,以便指导他找到他喜欢且适合他的书籍。

(4)为自我教育提供时间保证,引导学生合理利用空闲时间。

针对相当多的学生离开学校走上工作岗位之后感到烦闷无聊,不知如何打发闲暇时间的情况,苏霍姆林斯基认为,其根本原因在于"他在学校时期没有自由支配的时候,不懂得,也没有感受到,时间是给人以精神财富的巨大源泉"。因此他强调要提高学生自我教育的效果,教育工作者就应为学生的自我教育提供充足的时间保证,使他们每天都有几个小时自由活动的时间,使他们有时间思考自己是怎样的人以及自己身上有哪些缺点、哪些优点,使他们能够根据自己的愿望和选择找到个人喜爱做的事情。因此他认为,教育工作者要提高学生自我教育的效果,既要为他们提供自由活动的时间,又要教会他们合理地安排和利用自由活动时间。他强调,应让青少年学生知道时间的宝贵,在精力充沛的时刻做最重要的事,如强制自己按时完成作业等,并使自己在自由活动时间内通过丰富多彩的活动提高自己和完善自己。

故事

晓庄师范学校被关闭后,几所乡村小学与幼儿园也被关闭,许多农村孩子又失学了。1932 年 8 月,晓庄的孩子们听说陶行知要在上海办一所让贫困孩子学习的乡村工学团,高兴极了,就一起给陶行知写信,希望能来"工学团"学习。

陶行知很快回了信:"你们来了,但你们的同学怎么办?晓庄有成千的孩子怎么办?为了你们都可以上学,我教你们个办法,那就是自己干,会的教人,不会的跟人学,边教边学,这样不是一所很好的学校吗?"同时,陶行知还写信请当地的农民陈金禄、董云龙等来帮助小朋友自己办学。

就这样，孩子们开始自己办学了。他们推选了胡同炳、陈云金、陈仪珍等10位同学担任小先生，农民们也推选了陈金禄等10位老农帮助管理学校。1932年9月4日，以孩子们当老师、古庙当教室、农民当"校董"的一所学校诞生了。开学那天，就来了80多个学生。

陶行知听到这个消息，很是高兴，马上派人到晓庄来看望孩子们。当他得知学校办得井井有条，很受孩子们和农民的欢迎，兴奋极了，马上提笔写信鼓励他们："你们不要小看自己做的事，你们这个学校是教育史上的一个了不起的大创举。"还特地写了一首诗：

一个学校真奇怪，大孩自动教小孩。七十二行皆先生，先生不在学如在。

陶行知还亲自为学校取了个名字，叫作"儿童自动学校"，并且写了两幅字，一幅是《手脑相长歌》，一幅是《自立歌》。收到陶先生的来信，孩子们高兴地抢着传看。有个孩子提出："大孩自动教小孩，难道小孩不能教大孩吗？"后来陶行知知道后，他在发表这首诗时把"大孩自动教小孩"改为"小孩自动教小孩"了。

"儿童自动学校"办起来后，学生不断增多，学校规模也大了，陶行知就把10位小老师编成两组，轮流到上海的"工学团"学习深造，农民们说"陶先生还叫种田娃'留洋'呢"。

在学校2周年校庆时，陶先生还派人给送来了2000多册儿童读物和一台收音机，并专门请人到晓庄来放电影。3周年校庆时，陶行知还特地写来了祝词："紫金山为笔，青天为纸，乌云为墨，动手来写字：立大志，求大智，做大事。"

在上述故事中，陶行知先生鼓励学生"小孩教小孩"，自主办学，实际上就是采用了学生自我教育的方式。在让学生进行自我教育的同时，陶行知先生真正做到了为学生提供充分的保证：给予精神支持，给予技术指导和人力援助，让学生的自我教育落到了实处。

二、教育中讲究惩罚的艺术

近些年，由于网络上经常有一些关于教师在教育过程中进行不良惩罚导致学生自杀跳楼等不良后果，家校关系、师生关系日益恶化等的案例，一些教师因此受到舆论的谴责，有的受到教育相关部门的惩罚。由此，教师是否应该惩罚学生这一话题引发了热议。究竟教师在教育过程中是否可以惩罚学生呢？不用惩罚手段，教师又应该如何在学生出现问题时教育学生呢？大师们用自己的理论和实例告诉我们，教育离不开惩罚，但不妨让惩罚被艺术化地施行。

1. 教育惩罚，不能不说的方法

教育惩罚是指对学习者个体或集体的不良行为给予否定、批评或处分，旨在制止某种行为的发生。教育惩罚分为狭义和广义两种。狭义的教育惩罚是指在学校中，针对学生个人或集体的不良行为给予否定、批评或处分（不包括体罚），以制止某种行为的发生。狭义的惩罚与奖励相对，是学校教育中经常采用的一种教育方法，目的是使学生分清是非善恶，改正缺点和错误。

心理学家曾说过："合理的惩罚制度有助于形成学生坚强的性格，能培养学生的责任感，能锻炼学生的意志和人的尊严，能培养学生抵抗引诱和战胜诱惑的能力。"因此，惩罚教育可以促使学生认识某些不良思想行为，督促其克服、纠正和根除这些不良思想和行为，或者是从惩罚中吸取教训，从而努力克服自己的不良思想行为。这种教育方式不但可以培养学生坚强的性格和意志，而且有助于提高学生明辨是非的能力，降低学生不良行为的发生率；不但有助于培养学生承受挫折的能力，塑造学生坚强的性格，而且有助于培养学生的责任心和遵纪守法的意识。可以说，惩戒教育作为教育中的一种手段，具有矫正和威慑两大功能，是教育不可缺少的组成部分。研究表明，在教育中对学生适当地进行惩罚对维护教育秩序和促进学生社会化具有不可替代的作用。

（1）有利于个体养成遵规守纪的习惯。人要生存下去，离不开社会；社会要存在下去，离不开制度，离不开制度对人的言行的要求和规范。学生只有在学校中习惯了制度，在走上社会之后，才能适应各种各样的工作制度。纪律既是对人的言行的限制，又是对人的权利和自由的保证。对违反纪律的学生进行惩罚，旨在使他明白，某些界线是不能逾越的，逾越了就要受到惩罚，从而使学生养成遵守制度的习惯。

（2）有利于学生个体社会化。学校教育是为学生将来走上社会做准备的。

学校要使学生明白如何处理与他人、集体及社会的关系，懂得个人的自由不能妨碍他人、集体和社会的利益。学校中的合理惩罚就是从一个侧面告诫学生，只有节制自己的言行，将来才能更好地适应社会。同时，学校通过合理的惩罚告诫学生，学校中有规章制度的存在，社会和国家有法律的存在，违反规章制度、违反道德和法律规范，就会受到相应的惩罚，从而使学生树立纪律观、道德观、法律观。所以说，合理的教育惩罚是实现学生个体社会化的重要手段。

（3）有利于学生感受真实生活。惩罚教育是教育回归生活世界的需要。美国教育学家杜威认为，教育是生活的过程，学校应该使儿童适应现实的生活。在现实生活中，每个人都有可能获得成功与赞赏，遭遇失败与惩罚。生活世界的这两种境遇投射到学校教育中，就表现为赏识教育与惩罚教育并存。从某种意义上讲，当前我们重新审视并呼唤惩罚教育是与新课改中教育生活化的理念相一致的。因而，在教育向生活世界回归的趋势下，惩罚教育作为一种需要，其存在是现实的，也是可能的。

（4）使学生学会负责。合理的惩罚是使学生学会负责的重要手段。学生由于自己的错误言行而受到了惩罚，他就会深刻体悟到哪些事是应该做的，哪些事是不该做的；知道哪些界线是不能逾越的，逾越了就会造成不良后果，就会受到相应的惩罚。与惩罚教育相比，赏识教育也能在某种程度上使学生学会负责。但在一个学生身上，总是既有优点也有缺点，通过惩罚使学生从缺点和错误中吸取教训，往往其体验更深刻，也更能促使他去深刻反思，从而真正学会对自己的言行负责。

2. 学大师，对学生巧施教育惩罚

有人认为，好教师不采用惩罚手段。马卡连柯对此有不同的看法，他结合自身的工作经验，认为这种"好教师不采用惩罚手段"的说法，纯然是一种"知识分子"的见解，是"教育家们"的见解。这样的逻辑会弄得教师无所适从。在他看来，惩罚本身就是一种教育的手段，在学校教育中，教师一方面要对学生遵章守纪的行为予以表扬，以促进良好行为的发生、保持与发展；另一方面也要对学生违反规章的行为予以惩罚，以杜绝不良行为的产生、繁衍与恶化。表扬与惩罚，二者不可偏废。因此，挫折和惩罚在教育中也同样必不可少，缺少惩罚教育，不利于学生正常心理和健全人格的形成。教育中的惩罚，是对学生某种思想行为给予否定性的评价，使学生受到警示。但他不主张采用剥夺食物和体罚作为惩罚的办法。因此在他的教育中经常可以看到他采用禁闭、批评、禁止休假、转换工作等多种惩罚的具体方法。大师用其巧妙的惩罚艺术告诉我们，教师在教育学生时运用惩罚教育，要注意讲心、讲度、讲法。

（1）惩罚要讲"心"。

这里所谓的"心"，是指教师的爱心、宽容心，意即教师在惩罚学生的时候，要注意对学生存关爱之心、尊重之心、宽容之心和赏识之心。只有带着这四"心"去惩罚学生，才能让惩罚起到真正的教育作用，才能让惩罚入心。还记得教育家陶行知先生那个众所周知的"四块糖"的故事吗？同样是面对犯错的学生，陶行知先生用四块糖就把犯错的学生感化了。在这里，陶行知先生用他的关爱之心、尊重之心、宽容之心、赏识之心，让惩罚教育有了血，有了肉，有了魂，有了人情味。因此，教师在运用惩罚教育时，要注意讲四"心"。

首先，教师要让惩罚立足于关爱之心之上，从而让惩罚有最初的力量。倘若只是简单的惩罚，那么惩罚就真的成了简单的惩罚了，而"成人对孩子的伤害常常是不自觉的、不自知的。也许不是打骂，却留下比打骂更深的烙印。如果孩子在幼年时代感受不到爱，不管他长大后挣多少钱，地位多高，他都可能不喜欢自己，无法获得自信"。因此，教师作为学生成长道路上的引领者，在惩罚学生时，其对学生的关爱是十分重要的。而对孩子深沉和睿智的爱是教育者最可贵的品质之一。作为教师，只有爱学生，学生才会爱你、敬佩你，也才能荡涤他们心底沉积的污垢。师生之间有了浓浓的情感，教育才能顺利进行，才能达到最佳的效果。所以教师只有带着关爱的心去惩罚学生的错误的时候，学生才会从内心深处愿意接受老师对他的教育。

其次，教师在惩罚学生时，要怀着尊重之心，从而让惩罚有立足之地。苏霍姆林斯基要求教师要像对待荷叶上的露珠一样，小心翼翼地保护学生幼小的心灵。因为学生幼小的心灵十分脆弱，教师对学生进行教育应怀着尊重之心。每一个学生都是有思想、有主见的鲜活的生命个体，他们渴望得到尊重、得到理解，即使是犯了错误的学生也是如此。在学习和生活中，他们有自己独特的看法和不同寻常的理解，作为教师应尊重孩子的看法和理解，小心地呵护孩子脆弱的自尊，让他们快乐而健康地成长。

再次，教师在惩罚学生时要怀着宽容之心。宽容是一种智慧，是一种特殊的爱，是做人的一种美德，有了它，能使教育惩罚更加有力度。"人非圣贤，孰能无过"，学生涉世不深，犯错也是在所难免的，何况有时候学生犯错并非是有意的，大多数情况下他们都不会明知故犯，有时完全是出于好奇或无知，更何况青少年学生的自控能力远不如大人强；与此同时，由于经验和阅历的原因，孩子看问题经常会把问题夸大，以为自己犯了错，老师和同学不会原谅自己了。作为老师，如果此刻不能给孩子以宽容，他可能就会真的感到绝望。当然了，如果教师因为一些无意的过错而训斥学生，惩罚学生，那么就更不利于感化和教育学生，同时也会因此令教师失去学生的信任。每个学生的个性不同，如果教师用同一个标准去要求每一个学生的话，则可能培养出来的学生都是一个样，普遍没有创新精神。所以，用宽容的心对待学生的错误，师生关系会更加融洽和谐。

最后，教师在惩罚学生时要心怀赏识之心，让学生从惩罚中看到希望。正如陶行知先生在教育犯错误的学生时能看到学生身上的闪光点一样，我们教师在惩罚学生时，万万不可缺少了赏识。相当多受到惩罚的学生对自己是持有否定的态度的，他们内心的自我认同感非常低，情绪低落。而赏识作为心理学上的一种"正强化"，就可以在此时给予学生鼓励，强化其良好的正向行为。一旦教师发现了学生身上的优点、闪光点，并及时予以鼓励和赞扬，那么就可以激发学生的主动性、主体性，使之实现自我教育，让教育的要求内化为学生个体的自觉行为。学生在受到惩罚的同时，感受到教师不是在一味否定自己，从心理上对教师的要求有所认可，从而也有了信心去改正错误，发扬自己的优点。不过教师要注意赏识不是盲目的、随便的，是有一定的方法和技巧的。

（2）惩罚要讲"度"。

所谓度，是指一定的限度。超过这个度，惩罚肯定就变了味。触及"高压线"，难免会出问题。而不同的学生，由于心理承受能力不同，这个"度"也应有所不同。心理脆弱、自尊心较强的学生，教师一个怒视的眼神对他而言就是莫大的惩罚；心理承受能力较强，经常犯错误、受批评的学生，只有言辞犀利的批评，配以相应的惩罚措施，才能对其达到教育的目的。苏霍姆林斯基在他的教育实践中也曾有过这样的失误。

故事

苏霍姆林斯基刚参加工作时，一个名叫斯捷帕的男孩，由于过分活泼、顽皮，在一次玩耍时无意中把教室里放着的一盆全班十分珍爱的玫瑰花给碰断了。对此，苏霍姆林斯基大声斥责了这个学生，并竭力使这个闯祸的孩子触及灵魂，吸取教训。事后班上孩子们又拿来了三盆这样的花，苏霍姆林斯基让孩子们用心轮流看护，唯独斯捷帕没有获准参加这项集体活动。不久，这个学生变得话少了，也不那么淘气了。年轻的苏霍姆林斯基当时想：这倒也好，说明自己的申斥对这个学生起了作用。

可是不愉快的事件在他斥责这位学生几周之后的一天发生了。这天放学后，苏霍姆林斯基因事未了还留在教室里，斯捷帕也在这里，他准备把作业做完回家。当发现教室里只有老师和他俩人时，斯捷帕便觉得很窘迫，急忙准备回家。苏霍姆林斯基没有注意到这种情况，无意中叫斯捷帕跟自己一起到草地上去采花。这时斯捷帕表情迅速变化，先苦笑了一下；接着眼泪直滚了下来，随后在苏霍姆林斯基面前跑着回家了……

这件事对苏霍姆林斯基触动很大。此时他才明白了，这孩子对于责罚，心里是多么难受。他开始意识到自己以前的做法，是不自觉地对孩子的一种疏远，使孩子受到了委屈。因为孩子弄断花枝是无意的，而且对自己的行为感到后悔，愿意做些好事来补偿自己的过失，而自己却粗暴地拒绝了他这种意愿。对这种真诚的、儿童般的懊悔，报之以发泄怒气的教育影响，这无疑是对孩子当头一棒。

苏霍姆林斯基吸取了这一教训，在以后的工作中很少对学生使用责罚。通常，他对由于无知而做出不良行为的学生采取宽恕的态度。他认为，宽恕能触及学生自尊心最敏感的角落。

（3）惩罚要讲"法"。

所谓法，即惩罚之法。惩罚不可偏激，不可随意为之，否则后果将不堪设想。在这方面，教育大家告诉我们，巧用心思进行惩罚，可以达到很好的教育效果。马卡连柯的游戏惩罚就是一种寓教于乐的惩罚方式。

故事

在高尔基工学团最初的几年中，生活是艰苦的，工作任务又重，学校生活显得有点单调。马卡连柯想出了奇妙的办法，让学员晚上都聚集在宿舍里，师生玩起了一种叫作"官打捉贼"的游戏——姑且这样叫吧，我们小时候做这个游戏时是这样叫的，可是不知道是苏联教育家马卡连柯发明的。

这种游戏的玩法是：参加游戏的人，每人分到一张字条，上面写着"贼""告发人""检察员""法官""刑官"等。"告发人"先宣布他幸运地做了"告发人"，然后手里拿起一根绳鞭，努力猜测谁是贼。大家都向他伸出手来，在这些手里面，他一定要用鞭子打中"贼"的手。通常，他总是误打了"法官"或是"检察员"，这些被他冤枉的正直的"公民"，便按照惩罚诬告的规定，反打"告发人"的手心。如果下次"告发人"终于猜中了谁是"贼"，他的痛苦就可以终止，那个"贼"的痛苦却要开始了。这时候由"法官"判决，重打五下，重打十下，轻打五下……"刑官"手持绳鞭，就来施刑了。

新一局游戏开始，参加游戏者的身份就会改变，上次做"贼"的人这次可能会变成"法官"或是"刑官"，所以整个游戏的主要趣味就在于所有游戏者轮流地吃苦和报复。凶狠的"法官"或是残酷的"刑官"如果做了"告发人"和"贼"，就要受到现任"法官"和现任"刑官"的残忍报复，让他想起他以前给人家的种种判决和处罚。

平时严肃的马卡连柯，与孩子们玩起这个游戏，扮演着孩子们同伴的角色，孩子们体验出了他的可爱。因此大家遇见同其他老师玩时总有拘谨之感，"刑官"施刑时总带有温和态度，而同马卡连柯玩的时候却无拘无束，当他做了"贼"时，往往判重打，似乎要以此来体验他的忍受力。这时，马卡连柯除了硬着头皮充好汉之外，没有别的办法。而当马卡连柯做"法官"的时候，总要弄得受刑的人失去自尊地大叫起来："马卡连柯,这样可不行啊!"

然而反过来,马卡连柯也是大吃苦头,往往他回家的时候左手总是肿着。换一只手挨鞭打被认为是不体面的,而且右手他还要留着去写字。

这种游戏,不仅使学生得到了乐趣,融洽了师生关系,而且培养了学生坚忍大胆、不怕危险的性格。对那些特殊学生而言,无疑还起到了强化法制观念的作用——"贼"是受人唾弃的,将受到严厉处罚。

三、因材施教,让学生成为学习的主体

伟大的教育家孔子在长期的教育实践中积累了十分丰富的教学经验,创造了卓有成效的教学方法,"因材施教"就是其中至今仍对我们的教育实践行之有效的方法。

1. 因材施教,各因其材

南宋朱熹在总结孔子的教学经验时,谈到"夫子教人,各因其材",于是有了孔子"因材施教"的命题。尽管"因材施教"这一术语是由朱熹概括提出的,但是这一方法却是孔子首创。史料记载,孔子弟子三千,每个学生均获得不同的成就。而他之所以获得如此高的成就,是因为他能从学生个体的实际出发,运用启发诱导的方法,充分调动学生学习的主动性和积极性。

(1) 因材施教的含义。

关于"因材施教"的含义,可以从《论语·先进篇》中的一段话来了解:

子路问:"闻斯行诸?"子曰:"有父兄在,如之何其闻斯行之?"冉有问:"闻斯行诸?"子曰:"闻斯行之。"公西华曰:"由也问,闻斯行诸?子曰'有父兄在';求也问,闻斯行诸?子曰'闻斯行之'。"

从这段话可以看出来,同样是一个问题,不同的学生提出,孔子的回答是不一样的,理由是冉求总是畏缩不前,故鼓励其向前;而子路好勇过人;故要约束之。由此可知,孔子十分注重了解学生的不同,针对不同的人采用不同的方法教导之。

因此,因材施教就是针对不同学生的不同情况,从实际情况出发,对不同学

生进行因势利导、有的放矢的教育，使每个学生都得到个性自由的发展。

（2）因材施教实施的关键。

融洽的师生关系是因材施教的关键。从《论语》中的记载可知，孔子之所以能成功实施因材施教，一个重要因素在于他与学生之间有亲密融洽的师生关系。可以说，在孔子的教育实践过程中，我们可以看到"一日为师，终身为父"这一思想的充分体现。

故事

孔子穷乎陈蔡之间，藜羹不斟，七日不尝粒。昼寝，颜回索米，得而爨之，几熟。孔子望见颜回攫其甑中而食之。少间，食熟，谒孔子而进食，孔子佯装为不见之。孔子起曰："今者梦见先君，食洁而后馈。"颜回对曰："不可，向者煤炱入甑中，弃食不祥，回攫而饭之。"

当时，孔子及其弟子被陈国的人们所包围，绝粮七天，许多学生饿得不能行走。而弟子好不容易找到饭，首先想到的就是老师，而且要保证老师吃的是清洁的食物。由此足见学生对老师感情之深。同样，老师对学生的感情也相当深厚："颜渊死，子哭之恸。从者曰：'子恸矣。'曰：'有恸乎？非夫人之为恸而谁为？'"（颜渊死了，孔子哭得极其悲痛。跟随孔子的人说："您悲痛过度了！"孔子说："是悲伤过度了吗？我不为这个人悲伤过度，又为谁呢？"）据载，公元前484年，孔子回鲁国以后，子路、子贡等先后离开了他，颜回也死了。孔子时常想念他们。这说明孔子和他的学生们建立了深厚的师生情谊，甚至是亲情。他对待自己的学生有时就像是对待自己的孩子。正是这种亲如父子的师生关系，才能让教师充分地了解学生，深谙学生的优点与不足，进而实行因材施教。

（3）因材施教的意义。

教育家苏霍姆林斯基说："世界上没有才能的人是没有的，问题在于教育者要去发现每一名学生的禀赋、兴趣、爱好和特长，为他们的表现和发展提供充分的条件和正确引导。"这句话道出了因材施教这一教育方法的重要性。

首先，因材施教有利于学生潜能的发掘。遗传学、心理学和社会学等的研究结果都指出，人的资质千差万别，这是因为遗传基因的不同以及生活环境和所受教育的不同造成的。人先天的资质（天赋）的形成与其遗传基因有密切的关系。人的有些方面的才能与生俱有，这种天赋就决定一个人能在某些方面有所成就。如有人天生对色彩敏感，有人天生节奏感强，有人天生有一副好嗓子，有人天生长于计算，有人天生有适于运动的身体结构等。此外，不同的家庭环境、社会环境以及学校教育，可使人形成不同的性格特征、心理状态、行为习惯、情感表达方式、审美观和生活观念等，这就是后天形成的才能。人先天的天赋和后天的才能，这两项本身就千差万别，因而由其构成的人的资质也就千差万别。而因材施教就可以让不同的学生的优势表现出来并得以发扬壮大，进而成就人才。

其次，因材施教有利于为社会提供多方面的人才。随着社会的进步与发展，社会分工越来越细，这种日趋繁杂的分工，必然需要有不同特长的人来完成。利用因材施教的方法，可以培养出具有不同特长的人，从而适应社会经济发展的多元化，为社会尽快和尽可能多的培养人才。

最后，因材施教体现了素质教育的宗旨和以人为本的教育思想。素质教育的核心是提高民族素质，也就是要极大地、最有效地使人的素质得以全面提高和发展，使人在人格、道德、智力、身体等诸方面健康发展，成为符合现代化社会需要的，适应现代生活和工作的高素质的人。可是人的素质不是可以"硬"造出来的，而是在先天具有的资质和后天自然、半自然中形成的才能的基础上，由教育者去开发、引导、培养或孵化出来的。同时，"以人为本"的教育思想要体现"以学生为本"，最根本的就是让每一个学生成才。在这一过程中，教师要尊重学生的个性、理想和愿望，充分挖掘每一个学生的潜能，尽量满足他们的教育需求，从而充分发挥教育"关照和促进生命发展，提升生命质量"的功能。而这一切也离不开因材施教。

2. 学大师怎样贯彻因材施教的方法

因材施教的方法告诉我们教师，对于一个发育正常、没有大脑疾病的学生，只要教师善于引导、方法恰当，就是可教的，也是可以学有所进步的。教师如何实施因材施教的教育和教学方法呢？

（1）察材。

教育家苏霍姆林斯基在《给教师的建议》一书中说："学习成就这个概念本身就是一种相对的东西：对一个学生来说，五分是成就的标志，而对另一个学生来说，三分就是了不起的成就。教师要善于确定：每一个学生在此刻能够做到什么程度，如何使他的智力才能得到进一步的发展，——这是教育技巧的一个非常重要的因素。"这告诉我们，实施因材施教方法的第一步就是察材。

察材就是要了解和掌握受教育者的资质等情况，即了解学生，这是最关键的一环，是因材施教能否成功的先决条件。教师只有对受教育者进行了充分的了解，才能在此基础上对其实施不同的教育方法。怎样察材呢？察哪些内容呢？

①察材的方法：察材的方法多种多样，孔子为我们提供的方法是："始吾于人也，听其言而信其行；今吾于人也，听其言而观其行。"后来又补充道："视其所以，观其所由，察其所安。"由此可知，教师察材的方法是多种多样的。

方法一：家访。

家访是了解学生的有效方法之一，俗话说"知子莫如父，知女莫如母"，父母对子女的评价虽然有偏心的成分，但毕竟他们对自己孩子的历史了解，教师访问家长能够获得许多学生的情况。正所谓："有其父必有其子，有其母必有其女"，孩子除相貌和父母相似以外，性格、思想、观点、喜好和习惯等也与父母相关，父母的言行、观念和习惯等与学生相应的方面是存在因果关系的，所以家访可以帮助我们很好地了解学生。

方法二：测试。

教师可以利用问卷调查和一系列测验来察材。通过问卷调查，教师可以了解学生的爱好、兴趣、审美、情趣等。比如可设计一些小测验，如：拿一首小诗让学生读，或让学生听一支乐曲，或让学生画一幅画，让学生说出所听、所见、所想，等等。

方法三：活动。

教师可以在丰富多彩的课外活动中对学生的言行进行观察，这也是察材的好方法。学生在参加活动时，最适合教师"视其所以，观其所由，察其所安"。

当然了，察材还需要教师平时时时留心、处处在意，在教学中尽可能进行双边教学，从而了解学生。最终，教师通过观察看本质，从小处了解学生，并对观察、了解到的信息进行积累、整理，进而拼画出一个学生大致的面貌。

②察"材"的内容。

明确了察"材"的方法，那么在察"材"的过程中，教师要观察什么呢？在这方面，孔子同样给了我们指导。

内容一：学生各自的特长和爱好。

教师要清楚地了解学生的特长和爱好，清楚学生的特长与优势，针对学生的特点进行教育，发展学生的特长和爱好，在让学生认识到自己的不足的同时，树立起信心，争取更大的成绩，培养多向型人才。比如孔子，他就清楚地知道"德行：颜渊、闵子骞、冉伯牛、仲弓。言语：宰我、子贡。政事：冉有、季路。文学：子游、子夏"。（颜渊、闵子骞、冉伯牛、仲弓的德行好，宰我、子贡善于辞令，而冉有、季路则擅长政事，子游、子夏通晓文献知识。）于是他认为，"雍也可使南面"（《雍也》），德行突出的仲弓可以当君王；善于政事的子路可以管理军政，"千乘之国，可使治其赋也"（《公冶长》）；善于交际的子贡可以从事外交；等等。

内容二：学生的品质特点。

教师要清楚学生的品质特点，如此方能对症下药，对学生优秀的品质加以肯定和赞扬，对学生的不良品质予以批评改正，帮助学生健康发展，让学生警惕"六蔽"。如孔子认为："好仁不好学，其蔽也愚；好知不好学，其蔽也荡；好信不好学，其蔽也贼；好直不好学，其蔽也绞；好勇不好学，其蔽也乱；好刚不好学，其蔽也狂。"（喜欢仁慈的人如不学习，难免愚昧无知；爱耍小聪明的人如不学习，难免放荡不羁；诚实憨厚的人如不学习，难免上当受骗；个性耿直的人如不学习，难免固执己见；性格勇猛的人如不学习，难免惹是生非；胸怀刚正的人如不学习，难免狂妄自大。）于是孔子在肯定学生行为优势的同时，强调由于"不学"而产生的行为的负面效果，对他们的品质和德行加以纠正，从而激励大家积极学习。比如他从学生南容反复诵读"白圭之玷，尚可磨也；斯言不玷，不可为也"，知道他具有"慎言"的优秀品质，于是"以其兄之子妻之"。

内容三：学生不同的性格。

教师要通过观察了解学生的不同性格特点，针对不同性格的学生因势利导，采用不同的教育方法，从而使学生完善人格，获得更大的进步。如孔子观察到，"闵子侍侧，訚訚如也。子路，行行如也。冉有、子贡，侃侃如也"（闵子骞侍立在孔子身旁，一派和悦而温顺的样子；子路则是一副刚强的样子；冉有、子贡是温和快乐的样子），于是针对学生不同的性格，采取不同的教育方法：子路问孔子，听见正当的事要不要立即付诸行动？孔子的回答是，有父亲兄长在跟前，岂能闻风而动？冉有问了同样的问题，孔子却让其闻风而动。公西华感到难以理解，孔子说："求也退，故进之；由也兼人，故退之。"（《论语·先进》）冉求性格柔弱，办事瞻前顾后、缩手缩脚，因而鼓励他；子路性格鲁莽，总是风风火火、冲冲撞撞，需要给其"降温。"

内容四：学生的志向与理想。

教师要通过观察和交谈，了解学生的志向与理想，从而给学生以正确的引导和帮助，助其顺利实现志向与理想。如孔子在子路、曾皙、冉有、公西华侍坐时，借助于对话，了解学生们各自的理想和志向，表达了自己对学生未来的关心，并与学生进一步沟通交流，予以引导。

内容五：学生的不同年龄。

学生年龄不同，就会表现出不同的阅历和人生经验，其表现和言行也不同。因此，教师要先了解学生的年龄，再因材施教，这有利于对学生的教育和指导。孔子相当注重学生的年龄，依据不同年龄而施教。比如他对学生颜路和颜渊这父亲二人的教育就采用不同的方法。

（2）施教。

施教是在察材的基础上采取相应的教学方法，使学生各自的才能得以发展的重要环节。一般来说，教师可以采用激趣、因势利导、孵化生成、循序渐进和全面和谐发展的方法。

方法一：激趣。

俗话说："兴趣是最好的老师。"这是因为"兴趣"是一种力求探究某种事物并带有强烈情绪色彩的心理倾向。它常推动人们去探求新的知识，发展新的能力。学习的兴趣是在学习活动中产生的，是学习动机中最活跃的因素，并能使学习活动富有成效。所以在教学中，教师要注重对学生学习兴趣的培养，特别是对差生，在课堂教学中，要及时寻找、捕捉差生在学习上和其他各方面的"闪光点"，对学生进行表扬，和学生建立感情，并运用迁移的方法将学生其他方面的兴趣转移到学习上来；在教学中和作业讲评中，发现差生学习的"闪光点"并及时给予表扬；课堂上要应用启发式教学法，多给差生发言的机会，而且在提问题时要讲究技巧，根据学生的不同层次，让其回答不同难度的问题，这样学生就能更多地体验成功的喜悦，从而增强学习的兴趣和动力。

方法二：因势利导。

因势利导，是指针对资质高的学生采取正确的引导，使其得以顺利发展，并成为尖子生。比如朗诵能力强的学生，他们往往表现出极强的诵读欲望，这样，教师就可以在课堂上让他们诵读文段、诗，或在课余时间让他们在班上诵读一些课外文摘、报刊上较好的文章并加以引导，或者推荐好书给他们阅读，并适当提出一些要求，等。爱迪生对自然科学感兴趣，他的母亲就给他买来他认为是自己一生中最有价值的"礼物"——《自然科学大观》和《帕氏物理实验》，还支持他建立自己的实验室，使爱迪生得以顺利发展。这样的例子不胜枚举。

方法三：孵化生成。

所谓孵化，是指对那些学习感到吃力、表现较为迟钝的学生，教师要注意捕获他们资质中的某种"苗头"，加以孵化、催化或培育，让这些"苗头"成苗成材。但教师运用此方法时要注意发现"苗头"后慎重加以培育，宁可白花力气也不能让学生没有显露出来的素质苗头被埋没。比如有的学生对歌曲感兴趣，那么教师就可以把一些教学内容编成歌，让学生通过唱歌的方式牢固掌握，同时也鼓励、支持他们用这种方式对所学内容加以巩固练习等。长期坚持下去，学生中的好苗子就会显露出来。

方法四：循序渐进。

循序渐进，即因材施教要尊重学生发展和成才的规律，既不能放任自流，也不能揠苗助长，教师要根据学生的个性差别，在教学内容上先易后难，由巩固复习已知的知识到引出未知的新内容，让学生能够顺利接受新的知识，进而内化为自己的东西。在此过程中，千万要注意不要揠苗助长，这种做法不仅不能使人成才，而且反而会妨碍一个人的发展。教师要认识到，因材施教尽管可以使人少走弯路而相对较快地成才，但是，有的人的发展是较缓慢的，教师不能一发现学生的某种才能就过分对其催化、加班加码，而应当循序渐进地发展他的才能。

方法五：全面和谐发展。

人的能力往往是多方面的，不同的能力相辅相成地构成一个完整的体系，从而使人得以成为社会生活意义上真正的人。因此教师在进行因材施教时，要着眼于学生的全面发展，如此方有可能让其在现代社会有较大的建树。教师要明确的是，学生并不都是通才，因材施教的目的是使学生成为健全的人，而不是"畸形"的人，因此要重视学生在德、智、体、美等诸方面的全面发展，只有如此，才能实现全面提高民族素质的教育宗旨。

四、循循善诱，启发教育

"循循善诱"这一词语出自《论语·子罕》："夫子循循然善诱人。"它是指善于引导别人进行学习。这是孔子为后世留下的又一重要的教育教学方法。在其后，不管是陶行知，还是苏霍姆林斯基，其教育和教学理论中均体现了循循善诱、启发诱导式的教育教学方法。具体来说，这种方法的本质是什么？在用于教学时如何操作呢？

1. 循循善诱，开启学生的心门

教育学家斯宾塞说："教育中应该尽量鼓励个人发展的过程。应该引导儿童自己进行探讨，自己去推论。给他们讲的应该尽量少些，而引导他们去发现的应该尽量多些。"在学生智力发展的过程中，教师起到引导作用，帮助学生获得知识和思想品德的提高，但是只有充分发挥学生的主观能动性，效果才能事半功倍。因此，作为教师，在教学过程中应当注重启发和引导，鼓励学生主动获得经验，提高智力。而这就是循循善诱的实质。那么，教师要对学生循循善诱，需要具备怎样的前提呢？

（1）要将学与思结合起来，引导学生"自得"。

孔子说："不愤不启，不悱不发，举一隅，不以三隅反，则不复也。"这是循循善诱的一条重要的原则。即要对学生不断加以引导，让学生将学与思结合起来。叶圣陶先生更是一贯主张教育要注重启发，对学生循循善诱，要求教师无论是进行教育还是教学均要引导学生举一反三。在为陈侠所著《论教育规律及其他》一书作序时，他强调："愤悱启发是一条规律。"那么，教师要做到循循善诱，启发诱导学生，就要注意将学与思结合起来。

（2）要有足够的耐心，突出"自得"。

循循善诱地启发诱导学生时，教师必须具备足够的耐心，要真切地将教育做到实处，做到学生的心中。教师只有具备足够的耐心，才能不急不忙，缓缓地、一点一点地走进学生的内心，一层一层剥开学生坚硬的保护层，直到最终露出最温柔、最美好的心灵。这样一来，学生自然会朝向美好的一方去绽放，进而"自得"，坦然接受教师的教育，最终达到教育的水到渠成。在此过程中，师生之间进行的是心灵的沟通与交流，是情感的撞击和升华。

故事

在教学时，遇到教学内容枯燥，令学生们打不起精神听课的时候，陶行知先生就喜欢给学生讲故事。每次一听到老师要讲故事，同学们的精神立刻为之一振。于是陶行知就绘声绘色地给大家讲故事。讲到关键情节，他不讲了。学生们正听得津津有味，就问他接下来的情节，于是陶先生就说："故事先放一放。现在我用最简洁的语言把今天的课讲完。如果大家精力集中，10分钟就可以完事了。课讲完了，我就可以从容地给大家把后面的情节讲完。"同学们都纷纷赞同，于是继续聚精会神地听完了课。陶行知非常满意大家的听课状态，说："好，现在我继续讲这个故事。"

就这样，陶行知先生以高度的耐心，循循善诱，积极有效地调动学生的听课热情，把原本单调的课讲得妙趣横生。这样的循循善诱的教学风格，不仅让学生掌握了必须掌握的课堂知识，同时也让学生保持了学习的兴趣。

2. 像大师那样在教学上循循善诱

故事

1938 年，陶行知在武汉大学做了一次演讲，当时观众颇多，有师生，也有其他人士。陶先生做演讲的时候，先是默不作声，接着从文件包里拿出一只鸡和一把米。开始时，他上前赶着鸡吃食，鸡不配合，接着给鸡强塞食，鸡也不领情，最后，陶先生退后几步，鸡反而在自由的氛围中开心地吃起来。这一套动作结束以后，陶行知说了这样一段话："我认为，教育就跟喂鸡一样。先生强迫学生去学习，把知识硬灌给他们，他们是不情愿学的，即使去学也是食而不化，过不了多久，他还会把知识还给先生的。但是，如果让学生主动去学习，充分发挥他的主观能动性，那么，效果一定会好得多！"然后，他退下场去。他的这次演讲成功地博得了大家的掌声，也给大家以深深的启发。

想象一下，如果陶行知先生采用的是老的、落入俗套的演讲方式，讲道理，摆事实，引经据典，高声疾呼，还会有这样的演讲效果吗？他将要表达的中心在前面做好铺垫后，最终再呈现出来，这就是循循善诱的奥妙所在。这一方法在教育和教学上均可以发挥极大的作用，也是教育名家和大师们给我们教师的宝贵财富。课堂教学是实施素质教育的主阵地，在这里，师生共同参与教学活动。为了体现"自得"的教育宗旨，教师巧妙地运用循循善诱的教育方法，可以达到事半功倍的效果。如何在教学中将这种方法用好，让我们一起来看看大师是如何做的。

（1）在教学之前要确定教学目标。

叶圣陶先生在《国文百八课》这套教材的序言中指出："从来教学国文，往往只把选文讲授，不问每小时、每周的教学目标何在。"他认为，"有了目标，有了方向，才不至于盲目地胡搅一阵"。因此，在教学之前，教师的引导作用就是先确定教学目标，再运用循循善诱的方式引导学生朝着目标努力。这是因为教学目标起导向和监控作用，它要求教师心中有数，知道教什么和怎么教，而且要通过每节课的目标使每个学生知道学什么、怎么学，教师的教学应达到什么标准。为此，在教学中，教师要引导学生"自得"，发现问题，提出问题，然后教师针对这些问题，及时地启发、诱导学生，从而在循循善诱的过程中，让学生在自主学习中找到问题的答案。

（2）要对课前预习有明确的指导。

实践证明，对学生的学习如不加以引导，他们即使花了很多时间，也会收效甚微。因此，教师要针对学生的课前预习给予他们明确的指导，从而保证教学中的"诱"出结果。

案例

某教师在讲《失街亭》一课时，先让学生预习课文后附录中的史料，当学生明确了"诸葛亮初出祁山，节节胜利，威震魏国"时，教师提出了问题："正当诸葛亮即将大获全胜的时候，却发生了失街亭的严重事件，结果反胜为败。这是为什么？"学生争相回答："马谡自以为是，自高自大，不听诸葛亮的话，把大营扎在山顶上……"教师紧接着问："平生谨慎、善于用人的诸葛亮为什么将把守重要关口的大任交给了马谡这样的人呢？"此时，学生回答不出，教师说："这就要求我们认真地学习课文，寻找答案。"

这样的"诱"有助于学生思维能力的培养和提高。教师适时合理的启发和诱导，能调动学生的主观能动性，引导学生独立思考，提高分析问题和解决问题的能力。

（3）要让"诱"贯穿于整个教学过程。

叶圣陶先生说："教师之为教，不在全盘授予，而在相机诱导，令学生运其才智，领悟之源广开，纯熟之功弥深，乃为善导者也。"他告诉我们，教师是课堂教学中的点拨者、导演、学生学习的指导者或引路人，而循循善诱就是对学生的点拨。

首先，教师要精心设计课堂提问。陶行知先生曾说过："发明千千万，起点是一问。"善于巧设机关的问答，往往有柳暗花明之功、点石成金之效。简单而肤浅的是或非的一问一答，是毫无启发性的教学方式，无助于学生对知识的掌握和其自身智力的发展。

案例

某教师在教授《狐狸和乌鸦》一课时，这样启发学生："小乌鸦小时，大乌鸦非常爱它们，有一天大乌鸦飞出去，找到了一片肉，就叼了回来，它喂了它的孩子们了没有？没有哇！它把肉喂给了树下住着的那只狐狸啦！乌鸦为什么把肉给了狐狸呢？"待到学生基本熟悉了课文情节以后，教师继续问道："狐狸两次问好，乌鸦都没上当，为什么第三次就中了计呢？"

教师借助于这样的启发，循循善诱，引导学生进行定向探究，学生始终非常活跃，易于清晰揭露所注意对象的意义和作用。

其次，当学生提出游离于教学内容以外的问题时，教师要循循善诱，巧妙地引导，适当地调节，使学生的思路始终围绕教学内容不偏离方向。

案例

某老师在教《草船借箭》这一节课时，教师启发学生提出问题：在借箭的过程中，哪些地方表现了诸葛亮的神机妙算？请读二三段，重点读第三段，然后提出你不懂的问题。

学生：（读后）诸葛亮让鲁肃准备了什么？为什么不让周瑜知道？诸葛亮为什么断定曹操在这样的天气里只会放箭，不会轻易出兵？

学生：诸葛亮为什么选择第三天四更去借箭？

学生：诸葛亮为什么两次下令掉转船头？

学生：课文为什么以"草船借箭"为题？

老师：你们提出了不少问题，说明你们在阅读课文时进行了深入的思考，这些问题正是课文不好理解的地方。

接下来，教师就学生提出的问题逐个给予解答，不但给学生创造了发现问题的机会，学生质疑也在关键处，问在了点子上，学生的思维始终处在积极的状态中，从而获得良好的教学效果。

孔子说："不愤不启，不悱不发。"这就告诉我们，循循善诱的关键在那些"节骨眼儿"上，教师的"诱"才能真正起到创造催化剂的作用。

3. 学大师，教育上也要循循善诱

循循善诱之法，不独用于教学，用于育人工作，同样可以起到引导学生或其他受教育者"自得"的效果。

（1）耐心＋爱心＝循循善诱育人法。

陶行知先生不独在教学上极擅长运用循循善诱之法，在育人上同样善于运用此法。在他的循循善诱教导下，学生不但心结解开，而且心悦诚服，自然达到"自得"。其著名的"四块糖"的故事，众人皆知，我们不再赘述，现就这个故事分析陶行知先生对循循善诱之术的操作。

面对学生的错误，陶行知先生不是劈头盖脸地一顿臭骂，尽管此方法简单，但他知道学生不仅听不进去，而且可能会有严重的逆反心理。陶行知先生也不曾苦口婆心地讲大道理，因为他知道此法收效甚微；不曾不胜其烦，满脸厌恶地批评嘲讽学生，因为那样会伤害到学生的自尊心。陶行知先生发挥循循善诱之法，真正以学生为主体，想方设法让学生认识到错误所在，以使其达到知错就改的"自得"。

陶行知先生先是循循善诱地引导学生，拉近学生与老师之间的心理距离，因为学生能准时到达，而自己却迟到了，这让学生在准备竖起的针对性保护层来不及上身之时，就被打得措手不及，还将担忧害怕之情消解了一部分；接着，先生以学生及时住手为理由，有理有据地表扬他是一个尊重老师的学生，这种说法，让学生与老师的心更加贴近，让学生切实感受到他在老师心目中并不是完全坏透了的，也是有优点的。这种被认可的心态，使他更能放下偏执和固执，心平气和地面对这件事情。然后，陶行知先生站在学生的立场上，告诉学生，他之所以动手打同学是事出有因的，让他感受到，这位老师是理解他的，明白他冲动的原点是打抱不平，为了正义。陶行知先生如此说不是给这孩子以逃脱惩罚的借口，而是平等地，心平气和地跟学生交流。至此，这个孩子的内心防线全部崩溃，与老师的心已经贴在一起。那么，下面就是他自发地反思整个事件，自然地认识到自己也是有错误的。师生之间心与心零距离接触，这是一件多么美好的事情啊。最后，当学生哭着说，他打的是同班同学的时候，一切都变得温馨而美好，陶行知

先生趁此机会奖励给那个学生最后一颗糖，起到强化心理反思的作用。相信这个学生在一段时间内不会再犯同样的错误。

可以说，在整个教育过程中，陶行知先生没有责备学生一句，只是循循善诱，引导其进行自我教育，让其内心发生变化，自觉认识到自己的问题，从而从内心深处改变。这正是陶行知先生教育技巧高超之处，也是其循循善诱之法运作巧妙之处。而在此过程中，我们可以看到，耐心和爱心都是缺一不可的，缺少其中一种，循循善诱之法均无法正确实施，更不能产生好的效果。

（2）巧用故事，循循善诱。

在耐心和爱心的基础上，教师的生动的语言和形象的说理，也是循循善诱之法发生效果的工具。在这方面，我们可以看一看苏霍姆林斯基是怎样做的。苏霍姆林斯基对学生进行教育时，极擅长循循善诱之法，他尤其喜欢运用民间童话故事来教育学生，这种循循善诱之法收到了良好的效果。

故事

暑假后的一天，苏霍姆林斯基所带的三年级甲班准备去野营训练。考虑到所带东西较多，其中一个学生建议，两个人结成一对，有的东西可以合用，这样可以减轻旅途负担。建议受到班主任苏霍姆林斯基的赞扬，孩子们开始自由组合，呈现一片欢乐的场面。大家都有了对子，唯独平时自以为是又妄自尊大的学生安德烈卡没有对子，他在一边哭泣着。

苏霍姆林斯基把安德烈卡叫到一边，问明情况，知道是同学都不愿和他组合成对。这孩子委屈地认为，是同伴们嫉妒他。苏霍姆林斯基深知这个学生的天性，认为这是一个很好的教育时机，便直截了当地对安德烈卡说："你要明白，安德烈卡，最困难的就是迫使自己去感觉。你迫使自己去感觉，那你就会以另一种目光看你的同学。如果你老是认为，你是最聪明的人、最有才能的人、最好的人，那么到头来你就会成一个最孤立的人……"

"但是，实际上我就是在解题上比谁都强，并比谁都快地背会诗歌……多少次您自己都说：'好样的，安德烈卡，安德烈卡学习了，现在就懂了……'我比谁都懂得多，这难道是我的错？"孩子哭得更伤心了。

苏霍姆林斯基还能用什么语言再去解释呢？说教显然对这个孩子没有多大效果。他思索着如何对这位男孩子进行解释，才能让他懂得、认识并相信……"安德烈卡，咱们找个阴凉的地方坐下，我给你讲一个故事，这个故事与我们这件事十分相似，愿意听吗？"安德烈卡点点头。他们来到大橡树的树荫下，坐在一条长凳上，苏霍姆林斯基讲了一个"菊花和葱头"的故事：

"在一个农村老大娘的住处旁，长着一株菊花。菊花老是沾沾自喜：'你们瞧，我多美啊！在这地方我是最美的。'在菊花旁边长着一棵葱头，一棵普普通通的葱头。夏末，葱头熟了。绿色的茎叶蔫了，葱头散发出辛辣的气味。

菊花扇动鼻子。'呸，你发出一股多难闻的味道呀！'它对邻居说道，'我真感到奇怪，人们干吗要种这种植物呢？想必是为了熏跳蚤……'葱头没有作声，它把自己视为灰姑娘。

这时，大娘从屋子里走出来朝菊花走去。菊花屏住了呼吸。她想：大娘马上就会说，她的花多美啊。菊花由于心满意足，已经感到有点飘飘然了。大娘走近菊花却弯腰拔起了葱头。大娘端详着葱头，惊呼了一声：'多好看的葱头啊！'

菊花感到困惑了：难道葱头会被认为是好看的吗？"

听完了这个故事，安德烈卡眼泪已经干了，从这个故事中他好像悟出了一个道理：人各有所长，各有所用，不能自作聪明，看不起同学。他羞愧地低下了头，一言不发。

苏霍姆林斯基采用这种讲童话故事的方式，一步一步地引导，使学生易于接受，并从类比中受到了应有的教育。

五、教育创新，培养创造精神

在世界范围内，创新正在成为教育的主旋律，逐渐被视为一种重要的思维品质和能力，成为国家竞争力的重要因素。而教育创新则是提升国家竞争力，培养创新型人才的重要前提。教师，教育的主力军，承担着教育创新的重要任务。

1. 教育创新，提升教育品质

教育创新是指以新的教育理念、教育理想为引导，通过对教育体制、组织、教师、教学方法、教育内容、教育技术等的革新，有效地促进教育公平，提升教育品质，改善教育质量的创造性行动。而教师进行教育创新具有举足轻重的意义。

（1）提升教师的创新意识和创新能力。

在创新教育的过程，不是受教育者消极被动地被塑造的过程，而是充分发挥其主体性、主动性，使教学过程成为受教育者不断认识、追求探索和完善自身的过程，即培养受教育者独立学习、大胆探索、勇于创新能力的过程。因此，要在教学过程中致力于培养学生的创新意识、创新能力及实践能力，就离不开教师创新意识和创新能力的提升。从此角度而言，教育创新对教师有着多方面的意义。

首先，激发教师的创新意识。教育创新，于教师的角度而言，就需要教师在学术研究和教学方面不断创新，而在创新的过程中，教师在获得更多的自由的同时，也需要深刻和全面地理解教育发展的本质规律，并以此作为课堂教学实践的逻辑起点，进而掌握教学规律，开发学生潜能，激发学生创新思维。因此，教育创新可以为教师提供教学自由，给教师一个开放、多元的精神园地，让教师以先进的思想来超越旧有的教学局限，并有效地把知识传递给学生。

其次，释放老师的创造力。教育创新要求教师扩大课堂教学的开放度和自由度，释放教学创造力，让教学更包容。在此过程中，教师需要从身心两方面树立创造性的教学思维，从而主动进行创造性的教学，进行课堂教学创新。就此层面而言，这是教师在挑战固定和保守的思维，对教学拥有高度的自治、自理，在遵循课程标准和教学大纲的前提下自主地教授学生，达成优质教学的目的。

（2）有利于培养学生的创新思维和创新精神。

就学生层面而言，教育创新关注的是教育对象的创造潜能是否得到发挥，人文精神是否确立，健全的人格是否得以塑造，创新精神、创新意识是否得到培养等，因此具有极其重要的意义。

首先，教育创新对提高学生思维的开放性起到很大的作用。它可以变更学生的思维方式，从单一直接的简单模式到多方面、扩展的、间接性的综合模式，使学生的思维既不受基础知识框架的束缚，也不受知识与能力多少的限制，成为充分展示自由、展示天性的个体。同时，教育创新可以激活学生脑中的兴奋因子，让原来沉寂的细胞开始活跃起来。

其次，创新教育让学生的思维变得开阔，让原有的理论不再那么坚固，让思想变得独特，让神经变得敏感，让手段变得灵活。创新就如同把学生置于汪洋大海中，他们需要靠着生存的意志和敏锐的判断力去寻求一切可以利用和打破常规的新思路。

最后，教育创新改变"教师说，学生记"的老观念和学习方法，把学生推向主动学习的舞台。"逼我学"的学习模式被彻底推翻，变成"我要学"，让学生在提问并想办法解决问题的过程中找到成就感和满足感。

2. 像大师那样进行教育创新

教育创新利国、利民，对于教师个人和学生的发展均可起到举足轻重的作用。因此，我们要学习大师，进行教育创新。除了如本书前面所述提升师德、更新教育观念，还要在教学和学生教育上有所创新。如何创新呢？让我们看一看教育家叶圣陶先生的教育创新。

（1）课堂教学创新。

针对教育即读书这种陈腐观念造成学校教育单纯、片面地重视书本知识的偏颇，叶圣陶先生主张，教育要取得最佳效果，就必须重视直观。他提出的"直观"，绝不仅仅是指课堂教学中运用图片或其他直观教具。它的内涵要丰富、深刻得多。如何理解他提出的这种"直观"呢？直观就是在教学中，让学生直接接触各种事物，从中获得直接的知识和经验。

故事

早在任教于吴县甪直高小的时候，叶圣陶就同吴宾若、王伯祥等好友在学校里开辟"生生农场"、开办"利群书店"，还设置了"百览室""音乐室""篆刻室"，组织了戏剧队、演讲队等，开展丰富多彩的课外实践活动，让学生早早地去接触生活，锻炼生活能力。在20世纪30年代，他针对当时学校教育脱离实际的严重弊病，尖锐地指出：国语科光读书固然不妥，"而自然科、社会科的功课也只是捧着一本书来读，这算什么呢？一只猫，一只苍蝇，一处古迹，一所公安局，都是实际的东西，可以直接接触的。为什么不让小孩直接接触，却把这些东西写在书上，使他们只接触一些文字呢？这样利用文字，文字就成为闭塞智慧的阻障"。直到现在，他对这一点仍然坚信不疑：教育必须重视直观，而直观"就是跟事物直接接触"。从学校范围内说，有条件的要开辟动植物标本室、理化实验室、图书阅览室、实习工场、种植园地之类；从学校范围之外说，要组织学生到动物园、植物园、博物馆、天文馆、地质馆、科技馆、图书馆去参观学习；再扩大言之，工厂参观、农村访问、社会调查、假期旅行等，也是使学生从直观中受到教育的良好途径。所以，叶圣陶先生的"直观"论，是教育面向生活、面向实际、面向社会的简要而朴素的表述。

从叶圣陶先生的这些教学创新可以看出，要在教学上创新，我们教师可以让学生走入生活，了解生活，进而学习做事和做人。他认为，学校生活也是社会生活的一个组成部分，甚至可以说是社会生活的一个缩影，学生在学校里接受教育，实际上就是学习怎样生活、怎样做人，因此，学校应该为学生设置种种环境，让他们能在这种环境里直接去学习生活、学习做人。

当然了，教师应学习叶圣陶先生这种教学创新的方式，让学生回归到生活中，直接接触生活，在实践中学习，采用游戏教学法，即借助于游戏的方式让生活还原到游戏中，引导学生学习。

案例

某小学数学教师，在教学一年级学生数学时，采用了游戏教学的方法。他给了这群学生一堆木块，然后让学生玩起了搬木块游戏。他让这群学生把一堆木块搬到另一个地方去，一个人可以抱5块。有3个学生搬了过去，这时候有一个学生问道："我们已经搬了几块了？"另一个学生说："我们一个人可以搬5块，有3个小朋友去搬了，我们查查吧。"孩子们一起跑去一数，一共15块，自然得到了答案，于是就自然学到了乘法。接下来，这位老师组织学生比赛，看谁搬得多。有的男孩一次能搬10块，有的女孩一次能搬6块，孩子们自然就开始比较了："你能比我多搬几块？""你还差几块就能和我搬得一样多了？"学生们在自由自在的游戏中不知不觉就理解了数学、运用了数学。此外，这位老师还组织学生用木块搭出各种造型，于是学生在搭建宇宙飞船、海盗船、麻将桌时，发现要利用相同的边以及不同的角，于是在反复地找木块、摆造型时，他们形成了对称的概念，了解了边、角的不同作用。

就这样，学生在游戏中玩、在游戏中学，活动既丰富多彩又妙趣横生，学生们玩得不亦乐乎，无形中掌握了知识，发展了学习的能力和创造的能力。这样就真正做到了寓教于乐。

从上述案例中可以看到，在游戏中，学生们自然地、不知不觉地就学会并运用了数学知识，这其中包括乘法知识、数学的比较、几何知识。这种游戏教学法要比让学生背诵乘法口诀、做数学应用题强百倍。

（2）学生教育创新。

叶圣陶先生的直观教学，还表现在教育上创新地让学生直接接触各种人。他认同古人的"近朱者赤，近墨者黑"的说法，强调一个人在青少年时期应该多接触品行端正的人，接触足以为人楷模的人，使他们从中受到好的影响。具体的方法就是教师以身作则，为学生树立身边的典范。正如他所说："要使学生'真能'实践好行为，有没有直观的门径呢？我说有。其一，教师以身作则，事事处处为人师表，这是学生最亲切的直观。其二，让学生多接近各方各面的先进人物，也是极为有益的直观。"从高尚、正直的成年人身上，青少年会看到自己的未来，这是十分重要的直观。

专题五

师智：善把金针度与人

　　苏霍姆林斯基在《怎样培养真正的人》一书中说过："老师的智慧不是堵塞道路，而是开拓道路，照亮一条知识路。"一个充满智慧的教师，总有一双神奇的手，总有一双智慧的眸，能给学生以知识的启迪，引发他们对知识的惊奇感，并照亮他们寻求知识的道路。因此，我们要像大师一样，做智慧型教师，善把金针度与人，引导学生走好求知之路、人生之路。

一、引导阅读，为学生打开一扇窗

在《给教师的一百条建议》一书中，苏霍姆林斯基反复强调他的"阅读观"，建议教师自己要阅读，而且要抓学生的阅读。他指出，自己"无限相信书籍的教育力量，是我的教育信仰的真谛之一"。为此，他提出了其教育思想中重要的"阅读观"。

1. 阅读，教育的基础

陶行知先生指出："我们深信读书的能力是各种教育的基础。会读书的人对于人类和国家应尽之责任，应享之权利，可以多明白些。"他指出，一个人若是自己会读书，就会明白读书的重要性。因此他极其重视阅读教育。那么，阅读之于学生有着怎样的意义呢？

（1）促进学生树立高远的理想。

苏霍姆林斯基说："在小学里，独立阅读在学生的智力发展、道德发展和审美发展中起着特殊的作用。"学生在学习生活中有很多因素在影响着他们，有的在这些影响下甘于堕落，从名列前茅变得碌碌无为，甚至不能完成学业，而有的人则积极阅读和自己学习相关的书籍、和未来发展相关的书籍，尝试着在这些书中找到一些有利于自己学习的方法，从这些书中找到一些可以帮助自己树立远大理想的依据，从这些书中找到心理的慰藉。于是在阅读的过程中，他们确立了自己的人生目标，对自己的未来充满信心。

（2）促进学生的写作和提高学生的学习成绩。

课外阅读是丰富学生课外知识的必要途径，在阅读的过程中，学生学习到精彩的名言警句、优美的好词佳句，进而积累了文学素材，从而提高自己的写作能力。随之而来的自然是学习成绩的提升。

（3）提升气质风范。

苏霍姆林斯基认为，书对于学生来说，"并不是真理的仓库，而是内心体验的源泉"。阅读是"一种自我总结，是自我教育的开端，是面对自己良心的自白"。读书能对一个人的行为习惯产生潜移默化的影响，使得人变得越加知书达理，个人形象得到改善。这是因为，在读书的过程中，学生学到了做人的修养、做事的方法和原则，从而在读书的过程中明理，进而提升自己的气质和风范。

（4）快速增长知识量，启迪智慧。

苏霍姆林斯基曾说，阅读对于激发学生学习兴趣具有十分重要的意义，是学生智力成长的重要手段，不仅能够"造就聪明的头脑，而且能够培养灵巧的双手"。学生在基础课堂之上所学到的知识是非常有限的，而他们在生活中遇到的很多问题是无法用书本上的知识来解决的，或者说很多生活现象是在课堂上无法见到的。于是对于这些问题和现象，学生通过自己阅读加以了解、加以解决。当学生自己阅读了众多的书籍时，其知识量就在飞速增长了。同时，在读书的过程中，学生了解了很多知识，进而无形中变得聪明起来。

2. 学大师那样指导学生阅读

在苏霍姆林斯基的"阅读观"中，最主要的内容是学校要教会学生"阅读"。一个学生从学校毕业的时候，应该是一个喜欢阅读并且会阅读的人。他指出，学校应当把阅读作为重要的教学活动，教师要布置学生阅读并且检查阅读情况；教师不仅要培养学生良好的阅读习惯，还要培养学生读好书的习惯；学校要创造良好的阅读氛围。具体来说，我们可从中提炼出以下方法。

（1）教给学生读书的方法。

除了苏霍姆林斯基，陶行知先生也强调阅读的重要性，并将读书看成学习的秘诀之一。他在长期的读书实践中总结出读书秘诀：一曰序，由浅入深，由表及里，循序渐进；二曰勤，"业精于勤荒于嬉"，只有勤奋好学，刻苦攻读，才能学有所成；三曰恒，持之以恒，锲而不舍；四曰博，从精出发，博览群书，博采众长；五曰问，"不耻下问"，像孔子那样遇到不懂的问题"每事问"；六曰记，即多动笔墨，勤作笔记，勤于积累；七曰习，即做到"学而时习之"，温故而知新；八曰专，即专心致志，静心思虑；九曰思，即学思结合，勤于思考；十曰创，即能举一反三、触类旁通，勇于创新。

这一秘诀应成为教师用以指导自己读书和学生读书的秘诀。具体来说，就是读书要由浅入深，勤奋刻苦，持之以恒；要博览群书，多问多记，及时复习，学思结合，举一反三。

（2）指导学生科学地选择书籍。

苏霍姆林斯基说："教育者的一项重要任务，就是在这场竞争中，要使书籍始终成为胜利者。"他告诉教师们："一个深思熟虑的教师，从他开始儿童工作的最初几天起，他就在周密地考虑：在小学期间，应当让每一个学生阅读（和反复地阅读）哪些书？"为此，苏霍姆林斯基发动全体教师编了一本《童年、少年和青年时期阅读的好书目录》，这个目录开始有 600 种书，后来达到 900 种书。编这样的阅读书目，就是要引导学生阅读。苏霍姆林斯基还要求他的学生，在这些书中，每个学生必须有一本他"自己的"书。"这本书应当在他的心灵里留下终生不可磨灭的痕迹。"当前，出版物众多，鱼目混珠，而中学生受自身年龄、阅历、水平的限制，辨别是非的能力还不够强。因此，教师更要有目的、有意识地向学生推荐好书，指导学生正确地选择课外读物。那么，教师如何指导学生科学地选择书籍呢？

首先要推荐学生多读人物传记，培养学生健康的思想。好书，以健康的思想教育人，以感人的事迹鼓舞人，以高尚的情操陶冶人，以科学的知识丰富人。正如苏霍姆林斯基所说，对于小学生来说，让他们读有关英雄人物、伟大战争的书，读关于文化、科学、教育的优秀作品，会使学生受到"一种强大的教育力量"。人物传记具有指引人生的效用，因此，教师应有意识地对学生这方面阅读兴趣加以正确指引，教育学生读好书，指导学生读好书，使他们从好书中认识真、善、美，树立正确的审美观。

案例

著名教育改革家魏书生要求学生每学期读一两本人物传记，并指导学生读，使他们在阅读过程中，自觉或不自觉与伟人们进行交流，既增强他们的是非分辨能力，又陶冶他们的情操，激励他们的斗志。

其次要推荐学生阅读文学名著。现在的中学生，对于古今中外的文学名著极少涉猎。而世界名著积淀了各个民族深厚的文化底蕴，学生如果能沉到这些世界文学名著中，定会有颇多收益。为此，教师要有意识地在教学过程中引导学生关注这些文学名作。

案例

W老师在教授学生《林黛玉进贾府》《林教头风雪山神庙》《罗密欧与朱丽叶》等课文时，简单介绍故事梗概，多处设置悬念，让学生带着悬念在课外阅读《红楼梦》《三国演义》《罗密欧与朱丽叶》全文，同时要求选取相关章节与课文进行对照阅读，读完之后写出简短的评论。这样，学生在学习了课文的基础上去阅读名著，由此把阅读面从课内拓宽到课外。

最后要依据学生兴趣推荐阅读。有关方面调查表明，学生因各自年龄、性别、性格、心理特点等方面的差异，阅读兴趣也随之不同。一般来说，中学生除对故事感兴趣外，还对传记、传奇、惊险小说等感兴趣，可以说进入了对文学感兴趣的时期。更具体地说，女生喜欢看有故事情节的书，而男生则对史地、体育、科学等方面的内容感兴趣。所以，教师在对学生的爱好进行了解后，到为学生介绍读物时就可以有的放矢、有计划地帮助学生选择适合他们阅读的课外读物。

（3）培养学生良好的阅读习惯

培养学生良好的阅读习惯是培养学生自学的重要条件。学校的任务之一是要教会学生自学，对此，苏霍姆林斯基告诉教师："要做到教会学生自学，一个重要的条件就是使一个人在上小学和中学的时候就酷爱读书，并且学会在阅读过程中认识自己。"他说："请你不必害怕学校教学的整块时间用在让学生读书上面！你不必害怕让学生花一整天的时间到'书籍的海洋'里遨游。"教师要从多方面入手，培养学生的阅读习惯。诚如苏霍姆林斯基所说："教师要告诉学生：阅读与面对书籍思考，应成为学生的一种智力需要。"

方法一：激发学生的读书兴趣。

教师可以开展形式多样的读好书活动。学生进行课外阅读，既希求读有所得，又期望所得的收获明显，得到老师、家长和同学们的认可与赞许，从而获得一种成就感。针对学生的这一心理特点，教师可以在班内开展读书心得交流会、朗诵比赛、讲故事、猜谜语、读书经验交流会等活动，让学生有施展才能的机会。大力开展多种多样的读书活动，能极大地激发学生课外阅读的信心和热情。

案例

毛老师在班里定期开展"读一本好书"演讲比赛，参赛同学讲得滔滔不绝，其他同学听得津津有味，不但增长了知识，而且大大激发了同学们的阅读兴趣。

方法二：诗词阅读培养兴趣。

古诗词是祖国文化宝库中的璀璨明珠，它们句式整齐，富有韵律，易读易记，朗朗上口，深受人们喜爱。学生诵读古诗词，不仅有利于发展他们的语言能力，提高其智力，而且能陶冶他们的情操，培养其文字鉴赏力和健康的审美情趣。教师可以在平时进行课外诗歌指导时，安排学生每周背一首诗（词）。在每首诗词拓展引进时，采用"同题异文"（同一题材的诗词）、"同人异文"（同一作者的诗词）、"同意异文"（同一情感类型的诗词）等途径扩大学生的古诗文阅读量。在学生进行诗文感悟时，应以感受为主，理解为辅。教师应主要以诵读的方法，引导学生去背诵、去想象、去感悟。

（4）教会学生藏书。

苏霍姆林斯基认为，教师要教学生学会藏书，要告诉学生，一个人必须建立一个属于自己的"个人藏书库"。在苏霍姆林斯基担任校长的那所学校，他的学生"到小学毕业时拥有 200～250 本个人藏书，个别学生有 400～500 本书"。他强调要引导学生藏好书，教师就要"特别关心让每一个中学生与高年级学生的个人藏书里有丰富的科学书籍"。

二、传授方法，训练灵活思维

据《史记·孔子世家》记载，孔子非常重视学习的实践方法。他不仅提出了"诵诗读书，与古人居；读书诵诗，与古人谋"的最高学习境界，而且还通过自己的身体力行来验证这一方法和境界。不能不说，孔子成为学生的表率，教出三千弟子，与其善于传授学习方法有关。由此可见，教师的教育智慧，还体现在对学生学习方法的传授上。

1. 学习方法，成功的要素之一

成功 = 刻苦努力 + 方法正确 + 少说废话。从这个大家公认的公式，我们可以知道，正确的方法是成功的三要素之一，如果只有刻苦努力的精神和脚踏实地的作风，而没有正确的方法，是不可能取得成功的。由此我们可以知道学习方法的重要性。

（1）可以提高学习效率。

现代社会知识剧增，知识更新加速，时代对我们提出了越来越严格、越来越多样化的学习要求。只凭"铁杵磨绣针，功到自然成"的方式进行学习，肯定无法与当今时代相适应。在今天和明天的学习中，学习的成败绝不仅仅取决于勤奋、刻苦、耐力，也不单纯跟自己所花费的时间、精力成正比，更主要的是要有学习效率。效率从何而来？爱因斯坦的公式"$W = X + Y + Z$"给了我们有益的启示。这里，W 代表成功，X 代表勤奋，Z 代表不浪费时间、少说废话，Y 代表方法。方法对勤奋和惜时的效果起着增强或抵销的作用，只有具有正确的方法才能保证学习成功。

（2）是学生形成学习能力的重要环节。

英国有位社会学家曾经调查了几十位诺贝尔奖获得者，这些获奖者大多认为，学生学习期间最重要的是掌握学习方法。蒋南翔先生曾做过一个生动的比喻，他说：一个猎人到森林里去打猎，要准备枪和干粮。如果一个学生在学校里，只知道积蓄知识，而不懂得与此同时掌握获得知识的方法，那么，他毕业后走上工作岗位就像猎人走进森林时只带干粮没带枪一样。没有枪，干粮带得再多，也会很快消耗殆尽。如果有一支枪，并能运用自如，那么还愁没有吃的吗？这番话比喻生动，意味深长。它说明了掌握学习方法对学生来说极其重要。

（3）有助于发挥学生的潜在能力。

法国著名生理学家贝尔纳曾深有体会地说："良好的方法能使我们更好地发挥天赋的才能，而拙劣的方法则可能阻碍才能的发挥。"好的学习方法使学生在知识的密林中成为手持枪的猎人，获得有效的进攻能力和选择猎物的余地。1980年，美国哈佛大学物理系教授、诺贝尔奖获得者史蒂文·温伯格对《科技导报》记者说，一个人很重要的素质是向知识的"进攻性"，不应安于接受书本上给你的答案，要去发现有什么与书本不同的东西，这种素质可能比智力更重要。

2. 学学大师，指导学生学习有法

故事

一次育才学校的晨会上，陶校长去讲了一个故事：

从前有一位很有本领的道人，只要他用手一指，面前的乱石立即会变成黄金。一天，他让众徒弟坐在他四周，自己用手指点着地下一堆石块，立刻石块都变成了黄澄澄亮光光的大小不等的金块。徒弟们看了又惊又喜，个个拍手叫好。道人对徒弟说："每人选一块金子，拿去买点吃用的吧！"徒弟们都扑到黄金堆里去翻拣，有的要选一块颜色最黄的，有的要拣一块亮光最足的，有的想找一块最大最大的，大家东翻西找忙个不停。这时却有一个徒弟，他没有去拿金块，只是呆呆地站在道人旁边，两只眼睛睁得大大的紧盯着师傅点石成金的手指看，边看边思考。道人问他："你为什么不去挑选你最喜爱的一块金子呢？"这徒弟回答说："金子虽好，但一用就完，我看中了师傅那个点石成金的指头。"

讲到这里，陶校长突然停住，不再讲故事，却话题一转，进行了一番评述，他说："世上有多少人被闪闪发光的金子迷惑，而忘记了点石成金的指头。同学们，你们在学校求学，可不能光想要得到老师和书本传给你们的现成知识，这些知识虽好，但仅仅是世界上全部知识的一个部分。随着时代的发展，这些现成知识会不够用的，有的会用不上了，有的会显得陈旧了。有些同学拼命把老师教的书本上的知识死记硬背，即使你能背出，你在追求学问（真理）的大道上还会碰到许多新事物、新问题，到那时你能责怪老师没教过、在书本上没见过吗？死记硬背不思考，是书呆子的学习方法，这些学生，老师'教多少'，他就'记多

少'，这样，是赶不上时代、超不过老师的。一批批的学生都比老师差，那么，我们的国家就会一代不如一代。我们求学必须要学会寻找知识的途径和方法，这就是要拿到开发文化宝库的金钥匙（也就是这只点石成金的指头）。这样，你们自己就可以一辈子毫无止境地去探求知识，你们就能超过老师，我们的国家就能一代更比一代强。"

同学们听到这里才恍然大悟，懂得了陶校长讲故事的意图。从此，大家不再死记硬背，各自努力探索寻找知识的途径和方法。

这个故事也提醒我们教师，不要片面地向学生传授现成知识，而是创造各种各样的学习条件，帮助学生学会"学好各门学科的方法和能力"。即教师要注重对学生学习方法的传授和指导。下面，我们一起梳理一下指导学生学习的方法。

（1）"四个结合"学习法。

这是孔子在教学中探索出来的指导学生学习的方法。它包括学与思结合、学与问结合、学与习结合、学与行结合。

所谓学与思结合，即孔子所说的："学而不思则罔，思而不学则殆。"意思是说，只学习，不思考，是学不到知识的；只思考，不学习，就会更加糊涂。只有把学与思结合起来，才能获得真知灼见。所谓学与问结合，是指孔子提出的欲学必须"切问"的方法。孔子自己学习时就是"每事问"的。他告诉学生，由于学无止境，要想真正学到知识，除了刻苦之外，还应有"每事问"的精神。不懂的就要虚心向别人请教，切不可不懂装懂，羞于问人，否则将贻误自己。所谓学与习结合，就是孔子提倡的"学而时习之"，即要经常温习学过的知识，以增强记忆，加深理解。只有做到"学而时习之"，才能很好地巩固、运用知识，也才能"温故而知新"。所谓学与行结合，是指孔子提倡的"讷于言而敏于行"，就是说话要谨慎，行动要果断敏捷。换句话说，就是要做到学和用结合；努力把学到的知识运用到实践中去。

在平时的课堂教学和学生的练习中，教师可以借助上述四种方法进行指导，从而引导学生学会学习，学会科学地学习。

（2）灵活动脑，总结规律。

这是陶行知先生总结出来的指导学生学习的方法。他认为，少年儿童求知学习最首要、最关键的方法就是要学会灵活动脑，总结规律。为此，他在教学时，经常引导学生找到问题的重点，从而发现规律，节省时间。众所周知，中国古代史的内容非常庞杂，各种文史资料、插图、题注，学生们往往眼花缭乱，甚至无所适从。因此，陶行知先生在教"从贞观之治到开元盛世"时，一反以前先讲述课本内容再分析重难点的做法，引导学生找重点、理线索，从而提升学习效率。

故事

陶行知先生说："同学们，请大家先把本课要讲习的内容浏览一遍，把你认为是重点的地方标出来，十分钟后我们开始讲课。这十分钟里，你们可以自由讨论。"

学生们开始埋头阅读课本，并时不时有学生交头接耳一番。十分钟后，陶先生说："好了，大家都看完了吧？上节课我们学习了隋唐时期一课，哪位同学回答一下：隋末农民战争爆发的原因是什么？结果怎样？"

一位学生站了起来："农民战争爆发的原因是因为隋炀帝的暴政，而结果是在隋朝统治土崩瓦解的形势下，唐朝建立起来。"

陶先生赞许地看着他的弟子："对。隋朝灭了，江山落入李氏父子手中，公元 618 年唐朝建立，唐朝从太宗时期开始进入繁荣阶段，史称'贞观之治'；到玄宗前期进入鼎盛时期，史称'开元盛世'。今天将学习唐朝前期这一段我国封建社会极盛时期的历史。那么，同学们，在这段时期，你们认为影响最重大的是哪一段？"

另一学生举手："陶先生，我觉得贞观之治和开元盛世最重要了，因为在这两个时期唐朝正处于鼎盛时期。"

这回立即有学生表示反对："不，我觉得贞观之治才是重中之重。"陶先生微笑地看着这位反对者："你的理由呢？"

或许是被陶先生的微笑感染了，该学生的音调立即壮了不少："因为唐朝正是从这个时期开始兴旺的。"

陶先生依然微笑着："可以说得具体一点吗？"对方沉思了一会儿："唐太宗李世民借鉴了隋朝灭亡的教训，比较注重各方面发展，这样唐朝从他开始兴盛起来，才会有后来的开元盛世。"

陶先生点头道："说得不错，这确实是个重要阶段。那么，为什么历代王朝第一位君主往往都比较重视社会生产呢？待会儿我们会详细讲述。苏珊同学，你刚才认为开元盛世也是个重点，你的理由呢？"

那位叫苏珊的同学立即站了起来："这段时期不仅是唐朝的全盛时期，也是我国封建社会前所未有的盛世时期，理所当然是一个重点了。"

陶先生笑逐颜开："有道理。那么，除了这两个重点，大家谁还有不同意见？百花齐放啊，大家有话尽管说。"

另一女生举手道："老师，武则天统治的时期是不是也是一个重点呢？"

陶先生笑道："问得好，贞观之治是一个开端，但开元盛世并不是直接在贞观之治的基础上发展起来的，所以说武则天在位的这段时期也不容忽视。唐高宗时武则天掌权，后来称帝，是我国历史上唯一的女皇帝。她统治期间，继续推行唐太宗的政策，社会经济不断发展，可以说她在位的时期上承'贞观'下启'开元'。下面我们开始详细讲述这三个时期。"

带着自己找出来的几个重点，学生们顿时有了明确的方向感。一节课快到尾声时，陶先生问："谁能说出本节课的重点内容？"立即有很多同学举手，其中一个答道："我发现，如果把我们前边分析过的几个重点串联起来，就是这节课的一条线索。"

陶先生十分满意地点点头，哈哈笑道："说得对，既然大家都这么聪明，那么，以后课堂的重点和线索就交给你们自己去找了！"

（3）要思考，不死记硬背。

叶圣陶先生认为，在学习上，"强记的办法是要不得的，不久连字句都忘记了，还哪里说得上体会"。而这种看法和苏霍姆林斯基的观点相同。苏霍姆林斯基强调学生在学习时要多多思考，而不要死背知识，要知其所以然。

故事

一天上午，苏霍姆林斯基去听一位小学低年级语文教师的课。课堂上的最初几分钟，学生们正紧张地思索着老师提出的一个个问题。这位青年教师开始叫学生回答问题，苏霍姆林斯基认真地记录下了学生的回答。他发现学生使用的许多词和词组在他们的意识里并没有很鲜明的表象，跟周围世界的事物和现象联系不起来。学生们仅仅是重复别人的思想，让人听到的仅仅是一些被学生硬挤出来的、笨拙的、背诵下来的句子和词组。它们的意思是什么，似乎学生并没有搞清楚，苏霍姆林斯基想："为什么学生的回答总是那样贫乏、苍白无力、毫无表情呢？为什么在这些回答里常常缺乏儿童自己的活生生的思想呢？"这时课正在进行中，只听见教师提示学生："课后要复习，词意、句式一定要记住，下节课提问……"听到这里，苏霍姆林斯基皱起了眉头，思维再也集中不到听讲上了。这时，一年级学生娜塔莎的一篇作文在他头脑中再次清晰地映现出来：

"这是夏天的事儿，刮了一阵大风，大风把一粒长着毛茸茸翅膀的种子带到了草原上。种子落到了草原上的青草丛里，青草惊奇地问：'这是谁呀？'种子说：'这是带翅膀的花儿。我准备在这儿，在草丛里生长。'青草高兴地欢迎新来的邻居。冬去春来，草儿发青了。在种子原来落下的地方，露出了一根粗壮的茎，在它的顶上，开出一朵朵黄色的花儿，它们是那么鲜艳，就像一个个小小的'太阳'。'啊！这原来是蒲公英呀！'青草说。"

这时他带学生观察了花的形状、颜色，这种花与那种花不同的特点，引导学生把闪烁的阳光、白色的花瓣、忙碌的蜜蜂、颤动的树枝、悠闲的小蝴蝶等这些事物之间相互联系起来看，然后让学生充分想象，自编出各种有关花的故事。而学生之所以能写出这样的作文，说明相关的词已进入了学生的精神生活，虽然表达还带有给他们所讲的童话故事的影响，但这是他们自己的语言。会思考已成为这群孩子的显著特点。由此可见，教师在课堂上不仅要教给学生一定范围的知识，还要加强学生的思维训练……于是他从此向全校师生提出"要思考，不要死背"这个教学和学习口号。

三、善用妙法，治病救人

教育是一门艺术，更是一种技术，因此面对犯了错误的学生，教师科学的批评可以促进学生反省，让其心服口服。反之，教师不当的批评方法会刺伤学生的心灵，伤害学生的自尊和自信，不但不能救人，相反会害人。而在这一过程中，就要看教师的教育智慧了。教育大师用自己的智慧向我们演示了如何善用妙法，治病救人。

1. 苏霍姆林斯基：奖励批评法

故事

一次，一年级女学生季娜的祖母病得很重。季娜想给祖母采一朵鲜花，使她在病中得到一些欢乐。但是，时值严冬，到哪里去找鲜花呢？这时她想到学校的暖房里有许多菊花，其中最美的一朵是全校师生都极为喜爱的那朵蓝色的"快乐之花。"季娜一心想着病重的祖母，忘记了学校的规定，她一清早就走进暖房，采下了那朵"快乐之花。"这时，苏霍姆林斯基走进了暖房，当他看到季娜手里的菊花时，大为吃惊。但是，他很快注意到了孩子眼里那种无邪的、恳求的目光。他向季娜问明了情况后，非常感动地说："季娜，你再采三朵花，一朵给你，为你有一颗善良的心；另外两朵送给你的父母，为他们教育出了一个善良的人。"

在这个故事中，苏霍姆林斯基并不单纯地盯着学生违纪的行为，而是探查违纪行为背后的原因，从而发现学生身上的闪光之处并予以肯定。这种教育方法，与心理学上的正强化一样，强化了学生正确的行为和思想，淡化了其不良行为，时间一长，自然会产生良好的教育作用。

2. 马卡连柯：旁敲侧击法

故事

学生瓦夏因为醉心于玩足球，以致忽视了家庭作业，结果只得了两分。马卡连柯不是找瓦夏本人谈，而是利用一次很好的机会找来了他的好朋友舒拉谈起班上的一些事情，随后很自然地谈到了瓦夏。他带着非常沉痛的心情和声调对舒拉说："按瓦夏的能力来讲，他可以成为班上的优秀生，但是他沉迷于玩足球，结果什么都弄坏了。"接着又感叹地说："难道你的朋友的意志就是这样薄弱，不能克制自己？不，决不会，我相信瓦夏是能够抑制住自己的。"随后马卡连柯又谈到其他的问题上去了。谈话之后，舒拉立即跑到瓦夏那里去，转告老师谈话的内容，并用教师的姿势和声调使谈话更为有力。从这一天起，瓦夏能坐下来做功课，在没有准备好课以前，他一直没有离开座位。

在这个故事中，马卡连柯采用的就是旁敲侧击法。这种方法有一个优点，就是教师在教育学生时，不使学生总感觉自己是被教育的对象，从而产生厌恶之感，甚至使师生之间正常的关系遭到破坏，而是让学生体验自己的问题，从而提高其自尊心和自信心，达到敲山震虎的作用。

3. 陶行知：情理并用法

故事

抗日战争时期，国内十分混乱，通货膨胀，物价飞涨，于是许多狡猾的商人便想出馊主意，他们首先在粮食上搞囤积居奇、投机倒把。不仅如此，他们还故意在粮食里掺杂了大量的石子、砂粒、稗子和霉烂的米，真是可恶极了。把这样的粮食卖出去，坑苦了广大老百姓，他们自己却大把大把地赚起了昧心钱。育才学校也买了不少这样的粮食。师生可就倒霉了，不吃又不行，吃了这样的米，又不能消化，得肠胃病的师生越来越多。看到这一情况，陶行知先生十分焦急。为了保证师生们健康，他不得不规定每天早晨用 20 分钟时间上一堂选米课，全校师生人人动手，把米里面的杂质剔除。但尽管如此，米里面的小沙子仍然很多，学生们吃饭时还是不时地硌牙，有的学生一嚼到沙子，立刻把一大口饭都吐了出来，食堂的餐桌上每天都可以看到一堆一堆的饭粒。陶先生看到了这个情况，摇了摇头，深深地叹了口气："唉，这样下去怎么行呢？为了几粒沙子，吐出一口米饭，也太可惜了。谁知盘中餐，粒粒皆辛苦啊！"

一天，等大家吃完饭后，陶先生一个人留在饭厅里，走到每张桌子前，把米饭粒一粒一粒计了数，再按桌子分别包成小包，写上数字，带走了。第二天晨会上，陶先生很严肃地站到讲台上，他扶了扶眼镜，环视了一下台下的师生们，语重心长地说道："现在抗战已到了最艰苦的阶段，国家混乱，加上奸商捣乱，我们的衣食就更加困难了!"陶先生不无内疚地说："我这个校长没当好，让大家受苦了，请大家原谅!"接着，他话锋一转，有点气愤地说道："我们的粮食已经很少了，但是，我们有些同学却还是不知道爱惜，吃到沙子就把一大口饭都吐了出来，我看了很痛心。昨天午饭之后，我数了一下每张饭桌上散落的饭粒，少的90多粒，最多的已经超过了600粒，这样下去，怎么行呢?"听到这里，台下的同学们有的低下了头，有的涨红了脸……陶先生接着出了一道算术题，让大家一起来计算，他说："我们吃饭时浪费的米粒按每张饭桌上300粒计算，那么我们每顿饭浪费了多少粮食?如果把这些粮食算成钱以后，可以买多少发子弹?这些子弹又可以消灭多少个日本鬼子?请大家认真算一下。"同学们在下面算呀算呀，当他们算出答案时，都不禁伸了伸舌头，低下了头。陶先生又带着大家背起了李绅的诗句："锄禾日当午，汗滴禾下土。谁知盘中餐，粒粒皆辛苦。"接着说："同学们，现在粮食更是来之不易，是农民们冒着侵略者的炮火用生命种出来的，也是前方将士浴血奋战夺来的啊!我们怎么能随便浪费粮食呢?有米饭吃已经很不错了，我们这样随便糟蹋粮食，那就太对不起前方的抗日战士和后方辛苦劳动的农民伯伯了!"同学们听了后，似乎一下子懂事了。从此以后，同学们在吃饭时遇到沙子，总是特别小心翼翼地只把沙子吐出来，而把米饭仍然吃下去。餐桌上再也见不到饭粒了。

在这个故事中，陶行知先生针对学生的问题行为，采用的就是情理并用的教育方法。首先，他首先对学生的心理感受共情，站在学生的角度，理解学生吐沙子的同时将大量的饭吐掉，于是学生心理上愿意接受他的教育。接下来，他不是直接说明学生行为的不正确之处，而是用计算数学题的方式，请同学们在计算的同时意识到自己浪费粮食的严重性。在学生意识到问题的严重性的同时，他再指出危害，从而让学生明白改正错误行为的必要性。整个教育过程，没一句训斥，没有空洞的说教，却入情入理，打动了学生。这正体现了陶行知先生循循善诱、诲人颇深的大师育人风范。

4. 马卡连柯：个性表演法

故事

学生奥普利希柯无论如何不肯从流浪儿童临时收容所到工学团去，马卡连柯只得亲自出马去接。这个"特殊"人物躺在床上，用蔑视的目光迎接着马卡连柯："滚你的，我哪儿也不去！"关于他的"勇敢"的性格，马卡连柯听别人说过，所以马卡连柯这时说："先生，我非常不愿意打扰您，但是我不得不来尽我的职责，我恳求您坐上为您准备的马车。"

奥普利希柯起初被马卡连柯的"万分殷勤周到的态度"弄得很诧异，甚至在床上坐起来。过了一会儿，他原来的那种喜怒无常的脾气又占了上风，他又把头倒在枕头上。

"我已经说过了不去！……不要多啰唆！"

"既然这样，敬爱的先生，我万分抱歉，只好对您采用强力了。"

奥普利希柯从枕头上抬起他那生满卷发的头，带着毫不做作的惊奇对马卡连柯看了一下。

"啊呀，从哪儿来的这么个家伙？你以为这么容易就能用强力把我制住！"

"请您注意……"马卡连柯加重了威慑的语调，还加上讥讽的口气："……亲爱的奥普利希柯……"

接着，马卡连柯突然对他大声喝道："喂，收拾收拾，还躺着干什么！对你说，叫你站起来！"

奥普利希柯从床上一跃而起，奔到窗口："真的，我要跳窗了！"

马卡连柯轻蔑地对他说："要么就赶快跳窗，要么就是上车，我没有工夫跟你多纠缠。"

他们是在三层楼上，所以奥普利希柯高兴而爽直地笑着说："你真是麻烦！……唉，叫我怎么办呢？您是高尔基工学团的主任吗？""正是。""哗，您该早说呀！早说了我们早就可以走了。"他们精神十足地准备上路了。

在这个故事里，面对这个"特殊学生"，马卡连柯注意根据谈话的地点、时间、环境，抓住对方的心理，运用一定的表演技巧，降伏了这个学生，进而让其心甘情愿地服从。这正是马卡连柯的一段名言——"我们要善于这样说话：使孩子们在我们的话里感到我们的意志，感到我们的修养，感觉到我们的个性"的实际应用范例。

5. 马卡连柯：集体教育法

故事

一次，一个男孩子侮辱了一个女孩子。马卡连柯知道这件事以后，不是立即找他来谈话，而是给他写个字条："叶夫斯基格尼耶夫同志，请你今天晚上 11 点钟来。"他把字条装在信封里交由通讯员送去。

通讯员知道全部底细，只是不表示出来。他拿着字条走到食堂里，找到叶夫斯基格尼耶夫说："你的信。""什么事？""马卡连柯老师找你。""为什么？""我就给你说。还记得吧？你昨天侮辱了哪一个？"

上午十点三十分的时候，通讯员又来找叶夫斯基格尼耶夫："你准备好了？"

"准备好了？"

"他在等待着你。"

这时候，叶夫斯基格尼耶夫忍耐不住了。等不到晚上十一点，下午三点就来找马卡连柯了。

"马卡连柯老师，你找我吗？"

"不是，不是现在，是晚上十一点。"在马卡连柯看来，有关谈话需要在晚上较晚的时间进行，以便谈话不会被中断。

这个学员回到分队里去了，在场的人都问："怎么啦？受惩罚了？"

"受惩罚了。"

"为了什么？"

于是，当大家知道这位学员的错误后，都严厉地申斥起叶夫斯基格尼耶夫。到了晚上十一点钟的时候，他又到马卡连柯这里来了，因为白天一天里所经过的刺激，他有点不安，脸色苍白，心情焦急。马卡连柯一看他的情景就知道是怎么回事了，所以问他："你明白了吗？"

"明白了。"

"去吧!"

仅此二字，再不需要多说任何的话了。

这种集体教育方法是马卡连柯多种教育方法中的一种。在他看来，光靠谈话，获得的帮助将是很少的。当看到谈话没有必要的时候，就任何的话也不必再说，不如借集体中其他成员的力量，达到让集体发挥教育作用的目的。这种寓说服于集体成员的教育中的方法，起到了触动学生思想的作用，使学生心服口服，达到了教育的目的，似乎更好地体现了教师在对犯错学生进行教育时的尊重。

6. 马卡连柯：美化教育法

故事

夏天，一批新从火车站接来的流浪儿童又被带到公社浴室门前的院子里。马卡连柯告诉他们：屋里有洗澡间、理发间，请洗完澡、理完发后，换上为大家准备的新制服、皮鞋和马裤。

新来的儿童走进浴室，脱得赤裸裸的。马卡连柯立即让其他学员把新学员脱下的破旧衣物装在小车上。刚才要大伙注意纪律的格外要求，已使新人们脸儿发红了；现在把旧衣物拿走的举动，更使这些人局促不安。他们洗漱完毕，穿上新服装，被领到了公社花坛中间的广场上。这时他们的旧衣物已堆了一大堆，正被人洒上煤油当众烧毁。此后，一个社员拿着扫帚和桶，将油垢和蓬松的灰尘扫得干干净净，并尖刻地向最靠近的一个新来的人说："你们所有的经历都烧光了，现在你们换上了'新装'，开始了新的生活。"

工学团社员们哈哈大笑，笑这位社员粗中有细的睿智。而新生们有的胆怯地环顾着，有的似乎感到"穿新装"的不自在……

这种别具一格的欢迎新入公社的流浪儿童的系列活动，象征着旧生活、旧思想、坏作风从此在这些流浪儿身上永远完结了。这种洗、理和换上新装的举动，是对新学员的一次美的熏陶。

此后，通过对这些社员的教育培养，马卡连柯在乘电车时意外地发现，新社员与老社员一样，都能自觉地执行社员大会关于在电车上自觉"给老、弱、妇、孺让座"的规定。一位社员坐在电车里，没有看见马卡连柯。当电车上进来了一个人时，那社员立刻小心地让出位置，同时注意不让别人发现。做好事不张扬、不留名成为社员行为美的缩影。

马卡连柯根据人的心理对美的种种感受，在他所领导的捷尔任斯基公社，运用美学观点来考虑学校建筑，组织了许多与美育有关的活动小组，采取了以军事化的原则对美加以保护等一系列措施，把美洒向各个角落，以此来培养学员对美的感受、对美的追求，再造美的心灵。对于一些学生的行为不规范问题，不妨采用此种方法，用美激化其对美的追求，进而自觉提升自己。

后 记

　　在编写本书的过程中，编者借鉴和参考了国内外一些知名专家的著作和研究成果，引用了一些教师的案例和博客文章，在此向所有专家、教师致以衷心的感谢！受沟通渠道所限，我们未能与所有作者都取得联系，敬请相关作者与我们联系，我们的电子邮箱为：taolishuxi@126.com。

编　者